Ronny Schmidt

Zur Zukunft des Internet-Fernsehens

IPTV als Chance zur fortschreitenden Personalisierung

IGEL Verlag

Schmidt, Ronny

Zur Zukunft des Internet-Fernsehens

IPTV als Chance zur fortschreitenden Personalisierung

1. Auflage 2009 | ISBN: 978-3-86815-106-0

© IGEL Verlag GmbH , 2009. Alle Rechte vorbehalten.

Die Deutsche Bibliothek verzeichnet diesen Titel in der Deutschen Nationalbibliografie. Bibliografische Daten sind unter http://dnb.ddb.de verfügbar.

Dieses Fachbuch wurde nach bestem Wissen und mit größtmöglicher Sorgfalt erstellt. Im Hinblick auf das Produkthaftungsgesetz weisen Autoren und Verlag darauf hin, dass inhaltliche Fehler und Änderungen nach Drucklegung dennoch nicht auszuschließen sind. Aus diesem Grund übernehmen Verlag und Autoren keine Haftung und Gewährleistung. Alle Angaben erfolgen ohne Gewähr.

IGEL Verlag

Inhaltsverzeichnis

Abbildungsverzeichnis ... III
1. Einleitung ... 1
   1.1 Definitionen ... 1
2. Warum personalisiertes Fernsehen? ... 5
   2.1 Die derzeitige Situation auf dem deutschen TV-Markt ... 5
   2.2 Das Überangebot im TV-Sektor ... 6
      2.2.1 Wettbewerb um den Zuschauer ... 6
      2.2.2 Vom Spartenfernsehen zum personalisierten Fernsehen ... 7
   2.3 Welchen Nutzen bringt personalisiertes Fernsehen ... 7
      2.3.1 Endnutzer ... 8
      2.3.2 Sender ... 10
      2.3.3 Drittanbieter ... 10
3. Technische Grundlagen ... 12
   3.1 Mediendaten ... 12
      3.1.1 Kompression ... 12
      3.1.2 IPTV-Standardisierung ... 14
   3.2 Kommunikationsnetze ... 16
      3.2.1 Struktur ... 16
      3.2.2 Übertragung in Kommunikationsnetzen ... 17
      3.2.3 Wichtige Protokolle ... 18
      3.2.4 Unicast und Multicast ... 20
      3.2.5 Fehlerbehandlung ... 21
      3.2.6 Quality of Services ... 22
   3.3 Endgeräte für IPTV ... 23
      3.3.1 Set-Top-Boxen ... 23
      3.3.2 PC-basierte Lösungen ... 24
      3.3.3 weitere Endgeräte ... 24
   3.4 Datenbanken ... 25
      3.4.1 Anforderung an Datenbanken ... 25
      3.4.2 Verschiedene Datenbanken ... 28
      3.4.3 Datenbanksprachen und Skriptsprachen ... 30
4. Metadaten ... 33
   4.1 Die Metainformationen der Audio- und Videodaten ... 34
      4.1.1 Generierung der Metainformation ... 34
      4.1.2 Austauschformate ... 36
   4.2 Die Metadaten der Nutzer ... 38

4.2.1 Statische Daten	39
4.2.2 Dynamische Daten	43
4.2.3 Tageszeitabhängiges Konsumentenverhalten	43
4.3 Metadatenmanagement	45
4.3.1 Erstellung des Nutzerprofils	45
4.3.2 Empfehlungssysteme	47
4.3.3 Herausfiltern von Störgrößen	49
4.4 Datenschutz	49
4.4.1 Datenschutzrelevante Bestimmungen	50
4.4.2 Lösungen zur transparenten Datenspeicherung	50
5. Benutzerschnittstellen	**52**
5.1 Übersicht	52
5.2 Aufbau des Nutzer-Interface	53
5.2.1 Usability	53
5.2.2 Eingabegeräte	55
5.2.3 Orientierung an bestehenden Systemen	55
5.3. Einflussnahme des Endnutzers	59
5.3.1 Zusatzdienste	59
5.3.2 Aktive Dateneingabe	60
5.3.3 Manuelle Korrektur	61
6. Anwendung des personalisierten Fernsehen	**62**
6.1 Das bestehende IPTV System	62
6.1.1 Aufbau der Datenbank	62
6.1.2 Die Kommunikation zwischen MySQL und Microsoft Access	64
6.2 Die Metadaten-Datenbank	67
6.2.1 Struktur der Datenbank	67
6.2.2 Eingabe der Metainformation	70
6.3 Personalisierte Empfehlung	73
6.3.1 Nutzerdaten	73
6.3.2 Generierung der Nutzer-Interessen	74
6.3.3 Generierung der Nutzer-Empfehlung	76
7. Fazit	**77**
7.1 Zusammenfassung	77
7.2 Ausblick	79
Literaturverzeichnis	**80**

Abbildungsverzeichnis

Abbildung 1:	Darstellung eines IPTV-Netzwerks	16
Abbildung 2:	Schichten des OSI-Referenzmodells	18
Abbildung 3:	Bestandteile einer Datenbank	25
Abbildung 4:	Fernsehnutzung im Bereich Nachrichtensendungen im Tagesverlauf von 6:00 bis 24:00 Uhr	44
Abbildung 5:	Fernsehnutzung im Bereich Unterhaltungssendungen im Tagesverlauf von 6:00 bis 24:00 Uhr	45
Abbildung 6:	Fernsehnutzung im Bereich fiktionaler Serien und Spielfilme im Tagesverlauf von 6:00 bis 24:00 Uhr	45
Abbildung 7:	Übersicht der Benutzerschnittstellen	53
Abbildung 8:	Menüführung einer Set-Top-Box	56
Abbildung 9:	Menüführung der von T-Home eingesetzten Set-Top-Box	57
Abbildung 10:	ZDF Mediathek	58
Abbildung 11:	Ausschnitt aus der Microsoft Access-Datenbank (icue.mdb) des Teracue IPTV-Systems der HTWK	63
Abbildung 12:	Infrastruktur der Metadateneingabe	66
Abbildung 13:	Bestandteile der MySQL Metadaten-Datenbank	67
Abbildung 14:	Einträge der Tabelle „Programmform" der Metadaten-Datenbank	69
Abbildung 15:	Einträge der Tabelle „Genre"	70
Abbildung 16:	Einträge der Tabelle „Thema"	70
Abbildung 17:	Einträge der Tabelle „Serialität"	70
Abbildung 18:	Eingabemaske der Metainformationen der Metadaten-Datenbank	71
Abbildung 19:	Aktivitätsdiagramm beim Eintragen der Metainformation in die Metadaten-Datenbank	72
Abbildung 20:	Metadaten der Nutzer in die Nutzer-Metadaten-Datenbank	74
Abbildung 21:	Erstellung der Nutzer-Preference	75
Abbildung 22:	Generieren der Nutzer-Empfehlung	76

1. Einleitung

Die deutsche Fernsehbranche verändert sich rasant. Bedingt durch die technischen Möglichkeiten der Übertragungswege im digitalen Kabel- und Telefonnetz können Audio-, Video- und Zusatzdaten zusammen übertragen werden. Die Rückkanalfähigkeit dieser Übertragungswege wird zukünftig dafür sorgen, dass neue Anwendungsgebiete erschlossen werden. Diese Vielzahl an interaktiven Möglichkeiten machen sich auch die TV-Sender zu nutze. Die Fernsehlandschaft befindet sich im Wandel vom Vollprogramm zum Spartenfernsehen. Ein Fernsehen, das in Interessengebiete gegliedert ist und gezielt kleinere Zuschauergruppen anspricht. Die Differenzierbarkeit jedes Einzelnen führt zu immer neueren Sparten. Es entstehen viele Programmbibliotheken, die auf Abruf Filme, Serien oder Dokumentationen zu jeder Tageszeit anbieten. Doch wer soll den Überblick über die Gesamtheit behalten?

Welche Möglichkeiten ergeben sich aus der Personalisierung von TV-Programmangeboten? Um zukünftig einen Überblick über laufende Sendungen im Spartenfernsehen oder über die Angebote der Programmbibliotheken zu behalten, ist es nötig, eine Vorauswahl zu treffen. Diese soll dem Endnutzer helfen, Fernsehen nach seinen persönlichen Vorlieben und Interessengebieten zu genießen. Aber auch für die Sender-Seite ist es wichtig, den einzelnen Zuschauer genau zu kennen. So können nicht nur Sendungsformate für ihn bereitgestellt, sondern auch Werbung und Zusatzinformationen genau auf ihn zugeschnitten werden. Deshalb müssen die Daten über den Nutzer so genau wie möglich sein. Die Daten über die Mediendaten müssen ebenfalls ein auswertbares Format besitzen. Erst dann können beide Daten zusammen ausgewertet und dem Nutzer eine Empfehlung gegeben werden.

1.1 Definitionen

Bandbreite

Bezeichnet den Frequenzbereich, bezogen auf ein bestimmtes Datenübertragungssystem, in dem eine Übertragung überhaupt möglich ist. Bei der Übertragung digitaler Signale wird oft synonym der Begriff Bandbreite verwendet, obwohl in der Regel die Übertragungsrate oder Datenrate gemeint ist.[1]

Breitband-Netze

Die Begriffe „Breitband", „Breitband-Netze" oder „Breitbandinternet" fassen verschiedene Datenübertragungsmethoden zusammen, deren Übertragungsgeschwindigkeit einen bestimmten Wert erreicht. Nach der Empfehlung der International Telecommunication Union (ITU) sind dies Übertragungsraten ab 2 Mbit/s im europäischen Raum. Das Bundesministerium für Wirtschaft und Arbeit (BMWA) definiert hingegen bereits Leitungen mit übertragbaren Datenraten ab 128 Kbit/s als Breitband. Die Übertragung kann über TV-Kabel, Digital Subscriber Line (DSL)[2], Satellit oder eine Funktechnologie erfolgen.

EPG

Die elektronische Programmzeitschrift, Electronic Program Guide (EPG), bezeichnet die digitale Variante von Informationen für Radio- und Fernsehprogramme. Sie beinhaltet mindestens Titel, Uhrzeit und Dauer jeder laufenden und kommenden Sendung. Zusätzlich können kurze Beschreibungen des Inhalts angezeigt werden.

IPTV

Mit IPTV (Internet Protocol TeleVision) wird die Übertragung von Inhalten über das Internet-Protokoll in Netzwerken auf Endgeräte wie Fernseher oder PC bezeichnet. Dabei wird eine feste Bandbreite für die Übertragung bereitgestellt. Qualität, Sicherheit, Interaktivität und Zuverlässigkeit stehen an oberster Stelle. Neben linearen Broadcast-Angeboten sind auch Übertragung von Video-on-Demand (VoD), sowie das Angebot interaktiver Zusatzdienste möglich.[3]

---

[1]   IT-Lexikon, Begriff: Bandbreite, http://www.itwissen.info (abgerufen am 22.04.2008).
[2]   DSL: Bezeichnung für eine Reihe Übertragungsstandards zur Kommunikation in physikalischen Leitern.
[3]   Vgl. International Telecommunication Union (ITU): Definition IPTV.

Metadaten und Metainformationen

Allgemein bezeichnet man die Daten, die Informationen über andere Daten enthalten, als Metadaten oder Metainformationen. Im Weiteren wird der Begriff Metainformationen immer dann genannt, wenn es um Audio- und Videodaten geht, der Begriff Metadaten wird genutzt, wenn es sich um Interessen und Personalisierungsbeschreibungen von Nutzern handelt.

Mediendaten

Unter dem Begriff Mediendaten werden in dieser Untersuchung die Audio- und Videodaten verstanden. In der Fachliteratur wird auch der Begriff Essenz verwendet. Zugehörige Zusatzdaten, die Mediendaten hinsichtlich technischer Parameter, wie Format oder Kompression beschreiben, werden ebenfalls mit dem Mediendaten-Begriff umschrieben.

Personalisiert

Jeder Mensch hat Interessen und Vorlieben. Beschränken wir uns auf das Gebiet der Medien, können wir jedem Zuschauer ein auf seine Bedürfnisse zugeschnittenes, also personalisiertes Programmangebot an Audio, Video und Zusatzdaten bereitstellen.

Programmbibliotheken

Auch Online-Bibliotheken genannt, bezeichnen in dieser Untersuchung die Sammlung und Bereitstellung von Video, Audio und Zusatzdaten für Video-on-Demand (VoD) Anwendungen.

Stream, Streaming, Live-Stream

Unter dem Begriff Streaming-Audio und Streaming-Video wird der Empfang über ein Rechnernetz und die gleichzeitige Wiedergabe von Audio- und Videodaten bezeichnet. Der Vorgang der Übertragung selbst, wird als Streaming, das gestreamte Programme als Live-Stream bezeichnet.

Programmanbieter

Unter Programmanbietern und Sendern sind alle öffentlich-rechtlichen[4] und privaten Fernsehanstalten[5], die Fernsehprogramme in analoger sowie digitaler Form über alle zur Verfügung stehenden Übertragungswege an die Rezipienten distribuieren, zu verstehen.[6]

Video-on-Demand (VoD)

Audio-, Video- und Zusatzdaten werden vom Nutzer angefordert, zum Beispiel indem sie aus einer Programmbibliothek ausgesucht werden, und dann an diesen Nutzer übertragen. Dabei kann die Übertragung ein Download oder ein Live-Stream sein. Die Bezeichnung On-Demand wird im selben Kontext verwendet.

---

[4] Gebührenfinanzierter Rundfunk.
[5] Werbefinanzierter und durch Zuschauer (Abo-TV oder Pay-TV) finanzierter Rundfunk.
[6] Vgl. Neumann (1998): Pay-TV in Deutschland, S. 37.

2. Warum personalisiertes Fernsehen?

2.1 Die derzeitige Situation auf dem deutschen TV-Markt

In Deutschland gibt es derzeit insgesamt 420 Fernsehsender[7]. Diese Zahl setzt sich aus 23 öffentlich-rechtlichen Fernsehsendern, 7 privaten Vollprogrammen, 107 deutschsprachigen Spartenkanälen im Allgemeinen-, Sport-, News- und Musik-Bereich und der Produktpalette der Pay-TV Sender zusammen.

Betrachten wir nicht nur die herkömmlichen Übertragungswege wie Terrestrik, Satellit und Kabel, so gewinnen die Übertragung über das Internet und die geschlossenen IP-Netzwerke, IPTV über VDSL[8], immer mehr an Bedeutung.

Das IPTV-Angebot des deutschen Telekommunikationsunternehmens Telekom bietet mit über 100 Fernsehsenderden fast den gleichen Umfang an deutschsprachigen Fernsehsendern wie die Übertragung über Satellit. Hinzu kommen die Programmbibliotheken mit ihrem On-Demand Angeboten. ZDF hält auf seiner Internetplattform „ZDFmediathek"[9] hunderte von Beiträgen als Internet-Livestream bereit. ARD bietet das Wichtigste aus Politik, Wirtschaft, Kultur, Sport und Wissenschaft auf EinsExtra[10] an. „EinsExtra aktuell"[11] bringt 30 Minuten Nachrichten zu jeder vollen Stunde. Die privaten Fernsehanstalten bieten ein weitaus umfangreicheres Programmangebot von Internet-Streams an. So bietet RTL unter der Bezeichnung „RTL Now"[12] bereits mehr als die Hälfte der eigenproduzierten Serienformate als Internet-Stream zum Anschauen an. Auch das Online-Angebot des Konkurrenten ProSieben-Sat.1 wird verstärkt ausgebaut. Nicht nur eigenproduzierte Serien, Comedy oder Talk-Shows, sondern auch US-amerikanische Serienformate sind online verfügbar.

Auch der PayTV-Anbieter Premiere ist mit einer Vielzahl an Programmangeboten im Internet präsent. Unter Premiere Internet TV[13] kann in den Bereichen Sport, Musik, Dokumentation, Film und Serien eine Auswahl

---

[7] Vgl. Digital TV (2007): Weiteres Wachstum bei TV-Spartensendern.
[8] Breitband-Verbindung mit 25 bzw. 50 MBit/Sekunde.
[9] Vgl. http://www.zdf.de/ZDFmediathek (abgerufen am 08.05.2008).
[10] Zu ARD Digital zugeordneter TV Sender.
[11] Vgl. http://www.ard-digital.de/11019_1 (abgerufen am 05.04.2008).
[12] Vgl. http://rtl-now.rtl.de (abgerufen am 05.04.2008).
[13] Premiere Internet TV unter http://vod.premiere.de (abgerufen am 06.04.2008).

von Inhalten On-Demand und bei Sport-Events auch Live angeschaut werden.

Die Nutzer werden jederzeit und überall Fernsehinhalte empfangen können. Um mehr zu bieten, als nur die Möglichkeit, unterwegs fernzusehen, müssen bestehende Formen der TV- und Internetnutzung berücksichtigt werden.

Neben der bereits bekannten Fernsehnutzung geht der aktuelle Trend im Bereich Online-Fernsehnutzung zu selbst geschaffenen Inhalten. Am stetigen Wachstum von YouTube[14] ist zu sehen, dass von der Idee „Broadcast Yourself", also: „Sende Selbst" von immer mehr Benutzern Gebrauch gemacht wird. Das Angebot ist gratis, denn YouTube finanziert sich über Werbung. 70.000 neue Inhalte, also Fernsehausschnitte, Interviews, Musikclips und selbst gedrehte Heimvideos kommen so bei YouTube täglich hinzu. Auch für die mobile Nutzung von TV-Inhalten können diese Online-Video-Plattformen treibende Kräfte sein. Benutzer erstellen mit mobilen Aufnahmegeräten eigene Video-Inhalte. Um diese Inhalte an andere mobile Nutzer auszustrahlen, werden auch neue Übertragungs-Plattformen entstehen. Ein guter Indikator dafür ist der US-Fernsehsender Current TV[15]. 30 Prozent seines Gesamtprogrammangebots bestehen aus Inhalten, die von den Nutzern selbst erstellt wurden.[16]

Um jetzt noch zu wissen, welche TV-Programme und Online-Inhalte für jeden Einzelnen interessant sein können, bedarf es sehr viel Eigeninitiative der Nutzer oder Empfehlungen anderer Nutzer.

2.2 Das Überangebot im TV-Sektor

2.2.1 Wettbewerb um den Zuschauer

Das Fernsehprogramm aus der Telefonleitung gewinnt durch den Übertragungsstandard des IPTV immer mehr an Bedeutung. Diese Entwicklung treiben vor allem die Telekommunikationsunternehmen voran. Sie erweitern ihre bisherige Wertschöpfung aus Telefonie und Internetzugang und treten somit in Konkurrenz zu den TV-Übertragungsplattformen von Kabel, Satellit und Terrestrik. Die Telekommunikationsunternehmen verfolgen zurzeit zwei Strategien um ihr IPTV Angebot zu erhö-

---

[14] Vgl. http://de.youtube.com (abgerufen am 08.04.2008)
[15] Vgl. http://current.com (abgerufen am 08.04.2008).
[16] Vgl. goetzpartners (2007): IPTV Fernsehen der Zukunft?

hen. Zum einen erwerben sie Lizenzen um Voll- und Spartenprogramme über ihr Übertragungsnetz vertreiben zu können, zum anderen vermarkten sie Einzelinhalte unmittelbar von Produktionsfirmen oder Rechteverleihern, um diese linear oder auf Abruf dem Kunden zur Verfügung zu stellen.[17] Im Gegenzug erweitern die Kabelgesellschaften ihr Angebot, um den Service der Telefonie und der Bereitstellung von Internetzugängen im Kabelnetz. Kabelnetze sind ebenfalls in der Lage, IP-basierte TV-Dienste zu übertragen. Für den Endkunden ergibt sich der Vorteil des „Triple-Play" – Telefon, Internetzugang und Fernsehen aus einer Hand. Doch dem stehen höhere Kosten im Vergleich zu den klassischen TV-Übertragungswegen Satellit und Terrestrik entgegen. Damit der Zuschauer bereit ist, für den „neuen" Übertragungsweg extra zu bezahlen, muss er den Mehrwert erkennen. Dies kann beispielsweise über eine bessere Qualität der Inhalte erreicht werden. Exklusivität, Vielfältigkeit, zielgenaue Spartenkanäle und On-Demand-Angebote sind hierbei entscheidende Kriterien.

2.2.2 Vom Spartenfernsehen zum personalisierten Fernsehen

Nach einer aktuellen Studie von Goldmedia wird die Anzahl der TV-Sender in Deutschland bis zum Jahr 2010 auf über 1000 ansteigen.[18] Dabei differenzieren sich die Spartensender zu noch kleineren Gruppierungen. Diese Klein- und Kleinstsender erreichen weniger Zuschauer. Auch die Relevanz des klassischen TV-Geräts nimmt gerade bei der jüngeren Generation ab. So gewinnen PC, Laptop, PDA und Handy eine immer größere Bedeutung. Die Übertragung von Mediendaten über TV-Kabel und DSL sind durch ihre Rückkanalfähigkeit der Satelliten- und Terrestrik-Übertragung überlegen.

Auch das Gemeinschaftsmedium Fernsehen entwickelt sich immer mehr zu einem Indivualmedium[19]. So gibt es heutzutage in mehreren Zimmern einen Fernseher. Jeder kann somit sehen was er will.

2.3 Welchen Nutzen bringt personalisiertes Fernsehen

Neben dem schon unter 2.1 angesprochenen Überangebot an Fernsehsendern, ist der Medienkonsum im TV davon geprägt, einen bestimmten

---

[17] Vgl. Deloitte (2007): Next Generation TV.
[18] Vgl. Goldmedia (2007): Zukunft der TV-Übertragung. S. 5.
[19] Vgl. Dohm (2005): Television meets Computer.

Inhalt zu einer festgesetzten Sendezeit zu konsumieren. Der Zuschauer muss seine Freizeit planen, da die Inhalte nur innerhalb des starren Programmschemas zur Verfügung stehen. Neue Orientierungshilfen, Funktionen wie zeitversetztes Fernsehen und die Verfügbarkeit von Inhalten in Programmbibliotheken werden die Entwicklungsrichtung des Fernsehens in den nächsten Jahren beeinflussen.[20] Der erste Schritt in Richtung On-Demand-Fernsehen ist durch die Programmbibliotheken von maxdom[21], Alice „homeTV"[22], und T-Home[23] bereits getan. Diese decken heute allerdings noch nicht den gesamten Umfang der Sendungen ab. Das noch im Entstehen begriffene Problem ist, dass Sendungen, die früher nur zu einer bestimmten Zeit vom Nutzer konsumiert werden konnten, dann permanent verfügbar sind. Diese umfangreichen Mediendaten müssen selektiert und übersichtlich für den Nutzer aufbereitet werden. Durch Personalisierung werden die für den Nutzer unerwünschten Sendungen ausgeblendet.

Personalisierung sollte nicht notwendigerweise die Aufmerksamkeit des Zuschauers benötigen. TV-Nutzung ist lean back[24] und passiv und wird es weitestgehend bleiben. Mein Fernseher oder mein Fernsehsender müssen meine individuellen Bedürfnisse befriedigen, ohne dass ich mit ihnen darüber lange und permanent reden muss.[25]

Welchen Nutzen personalisiertes Fernsehen Endnutzern, Sendern und Drittanbietern bringt, wird im Folgenden beschrieben.

2.3.1 Endnutzer

Bei den Endnutzern müssen zwei wesentliche Nutzungsgruppen unterschieden werden.

Lean Back

Lean Back beschreibt einen passiven Fernsehkonsum. Der Zuschauer will sich zurücklehnen und entspannen. Gerade für diese Nutzergruppe ist ei-

---

[20] Vgl. Kaumanns, Neus, Pörschmann (2006): Konvergenz oder Divergenz? S. 6.
[21] Vgl. http://www.maxdom.de (abgerufen am 10.04.2008).
[22] Vgl. http:// www.alice.aol.de (abgerufen am 10.04.2008).
[23] Vgl. http://www.t-home.de (abgerufen am 10.04.2008).
[24] Sich zurücklehnen.
[25] Trosse (2007): personalisiertes Fernsehen.

ne personalisierte, auf ihre Interessen und Vorlieben zugeschnittene Empfehlung von Sendungen von Bedeutung. Es erleichtert das Auffinden von relevanten Sendungen unter der immer größer werdenden Programmauswahl.[26]

Lean Forward

Lean Forward dagegen beschreibt die interaktive Nutzung. Da die Interaktionsmöglichkeiten mit dem TV noch beschränkt sind, beziehen sich die meisten Anwendungen auf das Internet und WebTV. Interaktionen können zum Beispiel das Bewerten von Sendungen oder Webvideos sein, das Verfassen von Blogeinträgen zu aktuellen Themen oder das Diskutieren in Foren. Man sitzt nach vorne gelehnt am Computer und arbeitet mit Maus oder Tastatur. Durch das Zusammenwachsen der beiden Medien Internet und Fernsehen ist es möglich, dass die unterschiedlichen Nutzungsverhalten in dem jeweiligen anderen Medium angewendet werden. So ist es durchaus vorstellbar, dass interaktiv an der Programmgestaltung des Fernsehens teilgenommen wird. Eine Personalisierung der Anzeigeseite oder ein Zusammenstellen von Sendungen für den Abend ist vorstellbar. Dann kann aus der Lean Forward Haltung eine Lean Back Haltung werden, indem man die vorher getroffenen Einstellungen nutzt.[27] So bietet das Portal von n-tv[28] synchrone Zusatzinformationen zum laufenden Programm. Weiterführende Beiträge sind in Form von Videoclips, Hintergrunddaten oder interaktiven Votings abrufbar. Die Just-Missed-Funktion ermöglicht es, ganze Nachrichten- und Wirtschaftssendungen, die wichtigsten Ereignisse des Tages als einzelne Videoclips, sowie Wetterberichte problemlos nachträglich anzuschauen. In naher Zukunft soll der Nutzer die Möglichkeit haben, sich sein eigenes Design und seinen eigenen Börsenticker zusammenzustellen. Gerade für die aktiven Nutzer bringt das den Vorteil, wichtige Informationen verständlich dargestellt und überflüssige Daten weggeblendet zu bekommen.

---

[26] Vgl. Kaumanns (2006): Konvergenz oder Divergenz? S. 6-19.
[27] Vgl. Kaumanns (2006): Konvergenz oder Divergenz? S. 20-25.
[28] Vgl. http://www.n-tv.de/itv (abgerufen am 11.04.2008).

2.3.2 Sender

Als Sender sollen in diesem Kapitel nicht nur die Programmanbieter, sondern auch die Service Provider[29] gesehen werden.

Die Deutsche Fernsehbranche im Bereich der privaten Sender ist durch werbefinanzierte Geschäftsmodelle geprägt. Gerade für diese Sender ist es von Vorteil, ihren Kunden, den Nutzer, genau zu kennen. Ein personalisiertes Empfehlungssystem kennt natürlich die Vorlieben und Interessen der Nutzer. So kann neben den jeweiligen Lieblingssendungen auch Werbung, die den Nutzer ganz persönlich anspricht, übertragen werden. So bietet „n-tv plus"[30] die Möglichkeit, interaktive Werbung zu schalten und so einen direkten Kontakt zum Kunden herzustellen.

Für die Pay-TV Anbieter ist es von Vorteil, ganz persönliche Programmangebote an den Kunden zu liefern. Nutzer, die immer ein bestimmtes Film-Genre On-Demand abrufen, werden auch in Zukunft eher dafür bereit sein, für neue Filme ihres Lieblings-Genres zu bezahlen. Die Lieblingsfilme dieser Nutzer sollten also ganz oben auf der jeweiligen Empfehlungsliste erscheinen.

Insgesamt bringt ein personalisiertes Empfehlungssystem für die Sender nicht nur den Vorteil, ihre Nutzer zu kennen, sondern auch einen Mehrwert gegenüber klassischer Fernsehnutzung. Das dürfte in Zukunft dafür sorgen, dass Kunden sich eher für einen solchen Service entscheiden.

2.3.3 Drittanbieter

Gerade für Firmen, die sich auf das Liefern von Zusatzinformationen spezialisiert haben, ergeben sich neue Geschäftsmodelle. So kann für einen sportbegeisterten Nutzer ein Wettportal interessant sein, bei dem Sportwetten platziert werden können. In die laufende Sportsendung werden die Wettquoten eingeblendet und der Nutzer kann aktiv mitwetten. Jedoch muss dann geklärt werden, inwieweit Drittanbieter ihren Service auf vorhandene Live-Übertragungen legen dürfen, ohne dass sich beide Ebenen beeinflussen. Denn die Sender dürften bei solchen oder ähnlichen Services ein gewisses Mitspracherecht fordern oder auf ihre Urheberrechte setzten. Ohne dies wäre ein Überblenden von Werbung möglich.

---

[29] Service Provider: Anbieter von Diensten, Inhalten oder technischen Leistungen, in diesem Fall beispielsweise: Arcor, T-Home oder Alice.
[30] Vgl. http://www.n-tv.de/itv (abgerufen am 12.04.2008).

Dem Nutzer werden in der Werbepause zum Beispiel seine Aktienkurse angezeigt. Und zwar nur diese, die er auch in seinem Portfolio hat. Ist die Werbepause beendet und der Nutzer noch mit seinen Kursen beschäftigt, wird die Sendung in der Zwischenzeit aufgezeichnet und er kann sie sich im Anschluss zeitversetzt weiter ansehen. Solche oder ähnliche Szenarien sind vorstellbar.

3. Technische Grundlagen

Um Mediendaten und Metadaten zum Nutzer zu übertragen, sind gewisse technische Voraussetzungen nötig. Auf der Senderseite muss das Signal so aufgearbeitet werden, dass der Empfänger es versteht. Der Empfänger kann eine Set-Top-Box[31], ein geeigneter Personalcomputer oder ein anderes Endgerät sein.

3.1 Mediendaten

Die Mediendaten bestehen aus Audio-, Video- und Zusatzdaten. Diese können, bedingt durch den Produktionsworkflow, eine unterschiedliche Güte[32] besitzen. Das hat zur Folge, dass sie nach einem Standard komprimiert, und nach einer festgelegten Spezifikation übertragen werden müssen.

3.1.1 Kompression

Allgemein bezeichnet Kompression die Datenreduktion von digital gespeicherten Informationen. Das Ziel ist eine bestmögliche Qualität der komprimierten Daten im Vergleich zum Ausgangsmaterial zu bewahren. Der derzeit gängige Standard für die Kompression eines Video- und Audiosignals bei der Übertragung vom Sender zum Empfänger wurde von der MPEG (Moving Picture Experts Group) entwickelt. MPEG ist ein universeller Standard zum Austausch von Bewegtbildern. Er ist entwickelt worden, um umfassende Anwendbarkeit zur Datenübertragung und Speicherung in Multimediasystemen zu erreichen.[33] Zum Übertragen werden die kodierten Video- und Audiodaten in einem MPEG-Transport-Stream verpackt. Während beim digitalen TV über Satellit, Kabel oder Terrestrik immer mehrere Programme in einem MPEG-Transport-Stream verpackt sind, wird bei IPTV nur ein Programm pro Transport-Stream verpackt.

MPEG-2

Der MPEG-2-Standard besteht aus drei Hauptteilen, dem Video-, dem Audio- und dem Systemteil. Als grundlegende Anforderung dieses

---

[31] Vgl. Kapitel 3.3.1 Set-Top-Boxen.
[32] In diesem Zusammenhang ein Ausdruck für unterschiedliche Formate (SD oder HD) und unterschiedlicher Bandbreite.
[33] Vgl. Schmidt (2003): Professionelle Videotechnik. S. 141.

Standdarts gilt: der Videoteil der Kodierung muss eine erhebliche Flexibilität aufweisen. Unter anderem müssen verschiedene Bildformate, verschiedene Bildauflösungen, eine wahlfreie Bildqualität, flexible Bitraten und die Verarbeitung von Voll- und Halbbildern garantiert werden. Ein Qualitätsverlust nach der Wiederholung des Kodier- oder Dekodiervorgangs darf nicht auftreten. Erreicht wird dies durch die Aufteilung des Bildes in eine Pixelmatrix[34], deren Datenbedarf mittels diskreter Kosinustransformation[35] und anschließendes Quantisieren[36] stark verkleinert wird.[37]

Um Bewegtbilder nach dem MPEG-2 Standard in akzeptabler Qualität für ein Standard-PAL-Signal[38] zu erreichen, wird eine Bitrate[39] von 2 bis 4 MBit/s, bei kritischen, kleinteiligen, schnell bewegten Situationen von etwa 4 bis 6 MBit/s benötigt. Für HDTV-Signale[40] wird eine Datenrate von bis zu 30 MBit/s verwendet.[41]

MPEG-4, AVC / H.264

Im Gegensatz zum MPEG-2 Standard steht hier nicht mehr das Komprimieren einer Pixelmatrix im Vordergrund, sondern vielmehr der eigentliche Szeneninhalt. Hierzu wird jede Szene in ihre Bestandteile zerlegt und natürlichen und synthetischen Audio- und Video-Objekten zugeordnet. Graphen sorgen für die korrekte räumliche und zeitliche Positionierung der einzelnen Objekte. So wird ein unbewegter Hintergrund getrennt von der sich davor befindlichen, bewegten Person, einem Videoobjekt zu-

---

[34] Pixelmatrix: Aufteilung der Bildinformationen in Pixel-Blöcke. Bei MPEG-2 werden 8x8 Pixel große Blöcke gebildet.
[35] Diskrete Kosinustransformation: Ist eine lineare, orthogonale Transformation, die Bilddaten effizient in eine Form überführt, die gut komprimiert werden kann.
[36] Quantisieren: Die digitalen Daten hoher Genauigkeit werden durch Rundung der Werte auf eine wesentlich niedrigere Anzahl begrenzt. Wie bei allen verlustbehafteten Kodierungsverfahren ist das entscheidend für die Qualität des Endproduktes.
[37] Vgl. Schmidt (2003): Professionelle Videotechnik. S. 146-149.
[38] Standard-PAL-Signal mit 720 x 576 Bildpunkten und einer Halbbildanzahl von 50 Bildern/Sekunde.
[39] Die Bitrate bezeichnet das Verhältnis einer Datenmenge zu einer Zeit.
[40] HDTV-Signal mit 1920 x 1080 Bildpunkten und einer Vollbildanzahl von 50 Bildern/Sekunde.
[41] Vgl. Schmidt (2003): Professionelle Videotechnik. S. 149.

geordnet und erst beim Empfänger wieder zusammengefügt. Daraus ergeben sich neue Möglichkeiten zur Datenreduktion.[42]

Der neuere MPEG-4 Video-Codec AVC (Advanced Video Codec) ist auch bekannt als H.264. Verglichen mit MPEG-2 erreicht dieser Codec eine erhöhte Kodiereffizienz und ist besonders für IPTV und Web-TV geeignet.[43]

Beim MPEG-2 und MPEG-4 Standard ist eine datenreduzierte Audioübertragung vorgesehen. Diese nutzt neben Komprimierungsalgorithmen auch bekannte Phänomene der menschlichen Hörwahrnehmung aus.[44]

Die beiden Standards MPEG-7 und MPEG-21 folgen zwar in ihrer Bezeichnung der Moving Picture Experts Group, es wird jedoch ein anderes Ziel verfolgt. Dabei wird nicht die Kodiereffizienz im Vergleich zu MPEG-4 erhöht, sondern es werden verschiedene Mediendaten mit Metainformationen beschrieben.[45]

WMV und VC-1

Ein weiteres Kompressionsformat ist der Windows Media Video Codec (WMV). Es haben sich drei Versionen des WMV etabliert, deren Aufbau an den MPEG-4 Codec angelehnt ist. Der neuste Windows Media Video Codec (WMV HD[46]) ist für High Definition, also die hochauflösenden Videoformate (HDTV) 720p und 1080p vorgesehen. Dabei wird das Zeilensprungverfahren komplett außer Acht gelassen. Unter dem Namen VC-1[47] hat Microsoft eine verallgemeinerte Spezifikation des WMV HD als Standard herausgebracht. Der VC-1 wird vor allem im Bereich digitaler optischer Speichermedien eingesetzt.

3.1.2 IPTV-Standardisierung

Eine Reihe von Standards, Richtlinien und Spezifikationen wurde in den letzten Jahren erarbeitet, um die technischen Grundlagen für die Realisierung von IPTV-Diensten festzuschreiben. Die wichtigsten Standards wer-

---

[42] Vgl. Schmidt (2003): Professionelle Videotechnik. S. 149-151.
[43] MPEG Industry Forum (2005): Understanding MPEG-4; MPEGIF White Paper.
[44] Vgl. Schmidt (2003): Professionelle Videotechnik. S. 152-153.
[45] Vgl. Kapitel 4.1.2 Austauschformate.
[46] WMV HD: Windows Media Video High Definition.
[47] VC-1: Video Codec 1.

den von den Arbeitsgruppen der Digital Video Broadcasting (DVB) und der Internet Streaming Media Alliance (ISMA) festgelegt.

DVB

Nach dem Digital Video Broadcasting (DVB) Standard wird die derzeitige Übertragung von digitalem Fernsehen über Satellit, Kabel, Terrestrik und Mobilfunk realisiert. Weltweit gib es heute über 120 Millionen DVB-Empfänger.[48]

Unter dem Namen DVB-IPTV werden Standards für die Übertragung von Audio-, Video- und Zusatzdaten in IP-Netzwerken entwickelt. Die bisherigen Arbeiten beschränkten sich dabei auf Beschreibungen zum Transport von Audio- und Video-Daten unter Nutzung des MPEG-2 Transport-Streams. Dabei werden MPEG-2 oder MPEG-4/H.264 komprimierte Audio- und Video-Daten in einen MPEG-2 Transport-Stream gekapselt.[49]

ISMA

Die Internet Streaming Media Alliance ist eine globale Allianz führender Industrieunternehmen, welche die Anpassung und Entwicklung von Standards im Bereich IPTV definiert. Mehrere Spezifikationen wurden in den letzten Jahren veröffentlicht. Die Nutzung von existierenden offenen Standards für IPTV-Systeme wird dabei empfohlen. Im Wesentlichen wird beschrieben, wie Mediendaten, die nach dem Audio- und Video-Codec MPEG-4/H.264 komprimiert sind, über IP-Netzwerke zu übertragen sind.[50]

Für den Transport der Audio- und Videodaten setzen die DVB und die ISMA auf das Real Time Transport Protokoll[51]. Die Übertragung von Steuerinformationen und Zusatzinformationen soll über ein gesichertes, die eigentlichen Audio- und Video-Daten über ein verbindungsloses Protokoll erfolgen.

---

[48] Vgl. http://www.dvb.org/about_dvb/history (abgerufen am 18.04.2008).
[49] Vgl. http://www.dvb.org/technology/standards (abgerufen am 26.04.2008).
[50] Vgl. http://www.isma.tv (abgerufen am 26.04.2008).
[51] Vgl. Kapitel 3.2.3 Wichtige Protokolle.

3.2 Kommunikationsnetze

Die wichtigste Aufgabe eines Netzwerkes besteht darin, die Verbindung zwischen einer Anzahl von Sendern und Empfängern zu gewährleisten. Die Empfänger führen unter Verwendung von bestimmten Komponenten und Protokollen Anwendungsprogramme aus, durch die die Nutzbarkeit eines Netzwerkes gewährleistet wird. Im folgenden Kapitel wird auf die Topologien und Protokolle eingegangen, die für das Funktionieren eines Netzwerkes ausschlaggebend sind.

3.2.1 Struktur

Ein IPTV-Netzwerk besteht aus dem Einspielbereich (TV Head End und VoD Server), dem Kernnetzwerk (IP Core Network), dem Zugangsnetzwerk (Access Network) und dem Heimnetzwerk (Home Network). In der nachfolgenden Abbildung sind die Teilbereiche dargestellt.

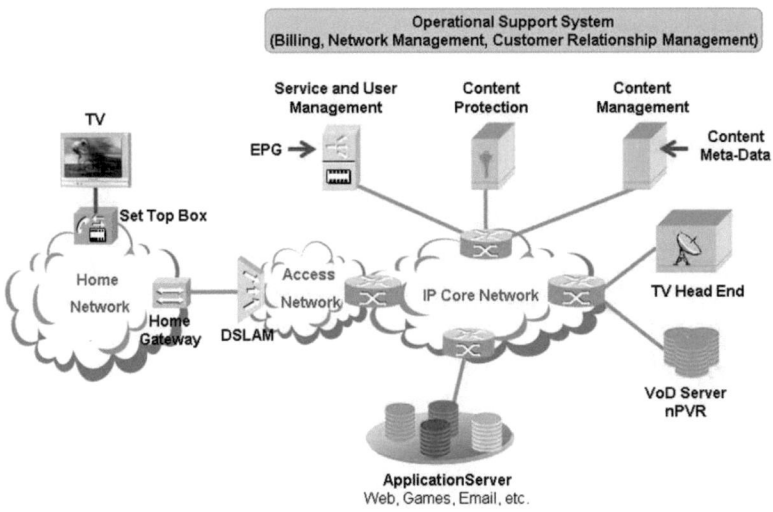

Abbildung 1: Darstellung eines IPTV-Netzwerks (Quelle: Funkschau 17/2007, www.funkschau.de)

Einspielbereich

Im Einspielbereich werden die Sender und On-Demand-Inhalte in das Kernnetzwerk eingespeist. Die Mediendaten werden von den Sendeanstalten per Satellit oder Kabel angeliefert. Es erfolgt die Kompression in das benötigte Format.

Kernnetzwerk

Moderne Netzwerke bestehen aus einem Kernnetzwerk und zahlreichen Zugangsnetzwerken. Das Kernnetzwerk ist das Grundgerüst solcher Netze. Es wird durch ein vermaschtes Glasfasernetzwerk gebildet, das auf verschiedenen Standards oder auf IP-Basis funktioniert. Das Kernnetzwerk sorgt für ausreichende Bandbreite, Flächendeckung und die Überbrückung großer Entfernungen. Auch andere Medieninhalte (Content) werden in das Kernnetzwerk eingespeist. Hier befindet sich auch die Schnittstelle zum Metadaten-Server. Dieser stellt alle für die Personalisierung von Mediendaten notwendigen Inhalte zur Verfügung.

Zugangsnetzwerk

Mit den Zugangsnetzen werden nur die letzten Kilometer zum Endnutzer überbrückt. Dieses Netzwerk muss für die Mediendatenübertragung ausreichende Bandbreite besitzen.

Heimnetzwerk

Netzwerk beim Nutzer, welches die Daten vom Gateway[52] zum Endgerät verteilt. Die Übertragung kann kabelgebunden oder kabellos per Funk erfolgen.

3.2.2 Übertragung in Kommunikationsnetzen

Im Gegensatz zu Web-TV im Internet wird IPTV über ein vom Netzbetreiber kontrolliertes IP-Netz angeboten. Dadurch steht die erforderliche Bandbreite für die Übertragung von IPTV Diensten zur Verfügung.

Kommunikationsnetze bestehen aus Übertragungsgeräten, die über Kabel oder drahtlos miteinander verbunden sind. Die einfachste Topologie wird als Punkt-zu-Punkt Verbindung bezeichnet und besteht aus zwei Übertragungsgeräten, die durch ein physisches Medium miteinander verbunden sind. Die Netzwerkstrukturen der Telekommunikationsunternehmen sind jedoch viel komplexer. Sie bestehen häufig aus mehreren, zum Teil eigenständigen, Teilnetzen mit unterschiedlicher Topologie. Es muss gewährleistet werden, dass jeder Teilnehmer des Netzwerkes sei-

---

[52] Netzübergang, Schnittstelle zwischen unterschiedlichen Netzwerktypen, die die digitale Transkodierung der unterschiedlichen Medien übernehmen.

nen Kommunikationspartner eindeutig identifizieren und direkt ansprechen kann. Diese Netzzuteilung erfolgt durch die Festlegung des Zugriffsverfahrens mit bestimmten Protokollen.

Als Grundlage für eine Reihe von herstellerunabhängigen Netzprotokollen, die in der öffentlichen Kommunikationstechnik im Transportnetz eingesetzt werden, dient ein Referenzmodell. Das ISO/OSI-Modell definiert alle zur Kommunikation erforderlichen Elemente, Strukturen und Aufgaben und ordnet sie sieben aufeinander aufbauenden Schichten zu. Jede Schicht erledigt innerhalb des Kommunikationsablaufes genau festgelegte Aufgaben.

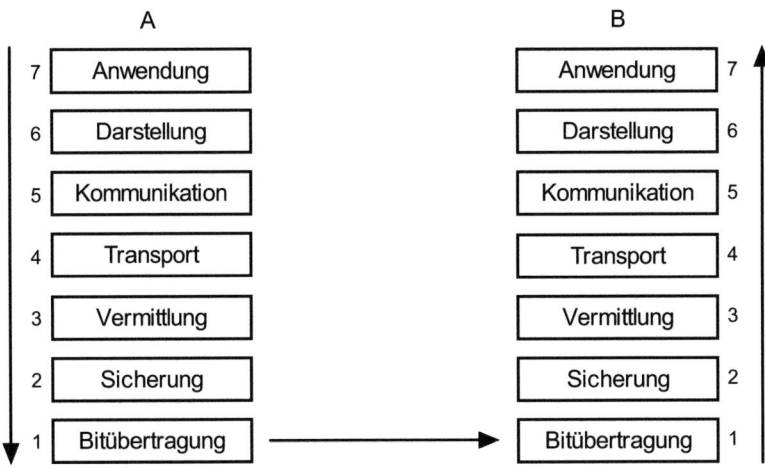

Abbildung 2: Schichten des OSI-Referenzmodells

Insgesamt ergibt sich eine hierarchisch gegliederte Struktur. Die vier unteren Schichten sind für die Datenübertragung zwischen den Geräten zuständig (Übertragungsschichten). Die Schichten fünf bis sieben koordinieren das Zusammenwirken mit dem Anwendungsprogramm oder dem Betriebssystem (Anwendungsschichten).

3.2.3 Wichtige Protokolle

Das Internet Protokoll (IP), ein Netzwerkprotokoll der Vermittlungsschicht im OSI-Referenzmodell, und das ICMP[53], ein Gruppenmanage-

---

[53] ICMP: Internet Control Message Protocol.

mentprotokoll für Informationsmeldungen in Netzwerken, sind für das Adressieren von Rechnern sowie das Fragmentieren von Datenpaketen zuständig. Im Schichtenmodell liegt das Protokoll IP unterhalb von TCP[54] und UDP[55]. Das TCP, ein zuverlässiges, verbindungsorientiertes Transportprotokoll, hält eine Verbindung so lange aufrecht, bis sie explizit beendet wird. Das Internet basiert auf TCP, was eine sichere Übertragung gewährleistet. Ein komplexer Bestätigungsmechanismus wird für die Übertragungszuverlässigkeit eingesetzt. Der Empfänger der Datenpakete schickt eine Bestätigung über den erfolgreichen Empfang von Datenpaketen an den Server. Sollte der Server keine Bestätigung innerhalb einer bestimmten Zeit bekommen, so sendet dieser das Paket erneut. Es kann vorkommen, dass Pakete doppelt und in verkehrter Reihenfolge ankommen. TCP sorgt für die richtige Reihenfolge durch Nummerierung der Pakete. Das UDP dagegen stellt einen verbindungslosen, nicht zuverlässigen Übertragungsdienst bereit. Es besteht keine durchgehende Verbindung zwischen Sender und Empfänger. UDP transportiert die Daten, ohne die Zustellung zu garantieren. Der Overhead ist dadurch geringer als bei TCP, jedoch können Daten verloren gehen, da der Empfang von Daten nicht bestätigt wird und die eventuell verloren gegangenen Daten nicht erneut geschickt werden würden.[56] Jedes Datenpaket nimmt einen anderen Weg durch das Netz, dabei wird weder die Vollständigkeit oder die Richtigkeit der Datenpakete garantiert. Falls auf der Übertragungsstrecke ein einziges Teil-Datenpaket verloren geht, muss das gesamte Datenpaket erneut angefordert werden.

Zur kontinuierlichen Übertragung von echtzeitintensiven Mediendaten über IP-basierte Netzwerke wurden offene Standards entwickelt. RTSP[57], ein Netzwerkprotokoll der Anwendungsschicht im OSI-Referenzmodell, und die verwandten Protokolle RTP[58] und RTCP[59] werden zur Unicast- und Multicast-Übertragung genutzt. Das RTCP ist für die Aushandlung und Einhaltung von Qualitätsparametern durch den regelmäßigen Austausch von Steuernachrichten zwischen Sender und Empfänger zuständig. Durch Meldungen des Empfängers über die bisherige empfangene

---

[54] TCP: Transmission Control Protocol.
[55] UDP: User Datagram Protocol.
[56] Vgl. Künkel (2001): Streaming Media. Kapitel 1.5.
[57] RTSP: Real-Time Streaming Protocol.
[58] RTP: Real Time Transport Protocol.
[59] RTCP: Real-Time Control Protocol.

Qualität der Daten an den Sender, werden die Datenströme kontinuierlich an die zur Verfügung stehende Bandbreite angepasst.[60]

Das MMS-Protokoll[61] ist ein von Microsoft entwickeltes Streaming Protokoll der Anwendungsschicht. MMS ist Microsofts äquivalent zu RTP. Es ist jedoch kein offener Standard, da Informationen oder Dokumentationen nicht veröffentlicht sind. Beide Protokolle sind untereinander nicht kompatibel.

Das SAP[62] wurde entwickelt, um Multicast-Sitzungen[63] in einem IP-basierten Netzwerk anzukündigen. Das Protokoll sendet periodische Ankündigungspakete an eine bekannte Multicast-Adresse. Der Empfänger lauscht regelmäßig auf diese Adresse, um Ankündigungen von Multicast-Sitzungen zu empfangen. Das SDP[64] wird als Payload im SAP zur Beschreibung und Aushandlung von Sitzungsparametern benutzt. Es beschreibt die Eigenschaften von Multicast-Sitzungen und dient zusätzlich zum Aushandeln von verwendeten Transportprotokollen und Codecs zwischen Endpunkten.

Auch mit dem Hypertext Transport Protocol (HTTP) ist es möglich, vielfältige Arten von Daten, auch Mediendaten, zu übertragen. Es ist ein zustandsloses Protokoll[65] und gehört zur Anwendungsschicht. Primär ist es für die Übertragung von Web-Seiten im Internet entwickelt. Mit der Erweiterung seiner Anfragemethoden, Header-Informationen und Fehlercodes wurde das Protokoll zum Austausch beliebiger Daten angepasst. Das Protokoll setzt zur Kommunikation ein zuverlässiges Transportprotokoll, zum Beispiel TCP, voraus.

3.2.4 Unicast und Multicast

Beim Streaming von Mediendaten werden zwei verschiedene Arten der Datenübertrag unterschieden.

---

[60] Vgl. http://leechuck.de/voip/node58.html (abgerufen am 20.04.2008).
[61] MMS: Microsoft Media Server Protocol.
[62] SAP: Session Announcement Protocol.
[63] Vgl. Kapitel 3.2.4, Multicast.
[64] SDP: Session Description Protocol.
[65] Zustandsloses Protokoll: zu jeder Anfrage wird eine neue Verbindung aufgebaut.

Unicast

Unicast ist eine Punkt-zu-Punkt-Verbindung zwischen Sender und Empfänger. Die Kommunikation findet zwischen beiden direkt statt. Da diese Verbindung gesichert ist, werden verlorene Datenpakete erneut beim Sender angefordert. Die Verbindungsart eignet sich für Einzelverbindungen, bei der zu jedem Empfänger andere Daten übertragen werden. Die Netzlast[66] steigt direkt proportional zur Anzahl der Verbindungen.

Multicast

Multicast ist eine Form des Broadcasting. Beim Broadcast schickt der Sender die Datenpakete nur einmal an die im Netzwerk vorhandenen Verteilerpunkte. Das sind üblicherweise Switches, Hubs oder Router. Diese kopieren und senden die Datenpakete an alle im Netzwerk verfügbaren Empfänger. Dabei kennt der Sender die Empfänger nicht. Es ist uninteressant, wie viele Empfänger es gibt und ob diese die Daten überhaupt benötigen. Das Netzwerk wird unnötigerweise stark belastet, ohne sicher zu stellen, dass die Pakete überhaupt an kommen. Multicast ist eine erweiterte Verbindungsmethode, die auf einem Router parallel zu Unicast betrieben werden kann. Interessierte Empfänger melden sich im Gegensatz zum Broadcast in Gruppen an, welche vom Netzwerk verwaltet werden. Es werden nur Daten an Empfänger verschickt, die diese auch angefordert haben. Die Bandbreite wird effektiv genutzt. Genau wie beim Broadcasting gibt es keine Garantie dafür, dass die Pakete korrekt ankommen, da die Empfänger keine Empfangsbestätigungen versenden.[67]

3.2.5 Fehlerbehandlung

Bei der Übertragung von Mediendaten über das Telekommunikationsnetzwerk können Fehler auftreten. Aus diesem Grund werden die Daten beim Sender mit einem Fehlerschutz codiert. Defekte, die bei der Übertragung im Netzwerk auftreten, können so beim Empfänger korrigiert werden. Dazu werden den ursprünglichen Daten zusätzliche Informationen beigefügt (Forward Error Correction). Beim Empfänger werden die

---

[66] Die Netzlast gibt an, wie viel Prozent der tatsächlich verfügbaren Bandbreite genutzt werden.
[67] Vgl. Fahner, Feil, Zseby (2001): MBone - Aufbau und Einsatz von IPMulticast-Netzen. S. 11.

Daten und der Fehlerschutz voneinander getrennt. Gelingt es dem Empfänger nicht, die Nutzdaten von den Fehlern zu trennen, so kann dieser noch nachträglich die Fehler korrigieren (Rückwärtskorrektur). Kommt es dennoch zu einer fehlerhaften Übertragung der Daten, die nicht korrigiert werden kann, wird der Fehler versucht zu überdecken (Error Concealment).

3.2.6 Quality of Services

Aus Sicht des Kunden muss die Qualität der IPTV-Dienste mindestens genau so gut sein, wie die alternativen, digitalen Übertragungswege. Die wichtigsten Anforderungen im Zusammenhang mit Quality of Service sind:

- Reaktionszeiten: Verzögerungen beim Kanalwechsel, Reaktionszeiten bei der Steuerung von Zusatzdiensten (zum Beispiel: Video On Demand)
- Mögliche Beeinträchtigungen bei der Qualität des Videobildes und des Tones: Blockbildungen, Unschärfe, Kantenverzerrungen, Bildruckeln, Bildrauschen, fehlerhafte Bilddaten durch Verluste, Synchronität von Bild und Ton, Tonverzerrungen
- Benutzerfreundlichkeit der Anwendungen
- Zuverlässigkeit, Sicherheit, Verfügbarkeit
- Sicherheit und Datenschutz für Endkunden, Sicherheitsmaßnahmen wie Verzögerungen durch Ver- und Entschlüsselung

Zur Erfüllung und Einhaltung dieser Qualitätsanforderungen sind verschiedene technische Maßnahmen notwendig. Messbar wird die Qualität der Übertragung an nachfolgenden Kriterien[68], die von den IPTV-Providern deshalb permanent kontrolliert werden:

- Bandbreite: die maximale Übertragungsrate zwischen Sender und Empfänger. Sie definiert im Zusammenhang mit dem verwendeten Kompressionsverfahren die maximal zu erreichende Bild- und Tonqualität.
- Delay: bezeichnet die Laufzeit eines Daten-Paketes vom Sender zum Empfänger. Je größer die Verzögerung, desto höhere Anforderungen werden an das Transportprotokoll gestellt.
- Jitter: benennt den Unterschied in der Verzögerung der einzelnen Daten-Pakete. Ein großer Empfangspuffer minimiert den Jitter-Ef-

---

[68] Vgl. Hund (2007): Triple play. Konvergenz von Internetzugang, Telefonie und Television. S. 13.

fekt. Besonders bei Echtzeitanwendungen, bei denen die Empfangspuffer klein sein müssen, kann dies zu starken Störungen im decodierten Signal führen.
- Fehlerrate: Hierbei sind Fehler gemeint, die durch falsche Prüfsummen und Pakete, die in unkorrekter Reihenfolge übertragen werden, entstehen. Diese Fehler werden, je nach Transportprotokoll, entweder verworfen oder nochmals angefordert.

3.3 Endgeräte für IPTV

Für den Mediendatenempfang beim Nutzer über den Übertragungsweg des IP basierten Netzwerkes, werden verschiedene Geräte benötigt. Neben dem Splitter[69] und dem Modem, die die Schnittstelle zwischen dem Zugangsnetzwerk und dem Heimnetzwerk bilden, werden geeignete Endgeräte benötigt. Als Endgerät soll im Nachfolgenden nicht das Anzeigegerät, sondern die Schnittstelle, die die empfangenen Informationen für eine mögliche Darstellung aufbereitet, verstanden werden.

3.3.1 Set-Top-Boxen

Die aktuelle Entwicklung von IP-Set-Top-Boxen, Geräten die als Beistellgeräte den Empfang von Mediendaten und deren Übertragung zum Fernseher ermöglichen, orientiert sich an den Anforderungen von Dienstanbietern sowie an den von den Nutzern geforderten neuen Features. Dabei liegen die Prioritäten von Dienstanbietern und Nutzern etwas anders. Sollen doch nur Features in der Set-Top-Box Anwendung finden, die für die Dienstanbieter relevant sind. Vorrangig ist die Bereitstellung der Mediendaten bei minimaler Kapitalaufwendung. Für die Nutzer sind Features, wie beispielsweise die Aufnahmemöglichkeit auf Festplatten, DVD-Recorder und drahtlose Vernetzungsmöglichkeiten für den Privatbereich interessant. Die IP-Set-Top-Box soll auf einer flexiblen Plattform aufbauen. Die Software, auch Middleware genannt, muss erweiterbar und aktualisierbar sein, damit zukünftige interaktive und personalisierte Videoinhalte über eine IP-Verbindung möglich sind. Dazu müssen sie branchenstandardisierte Datenübertragungs- und Netzwerkprotokolle unterstützen, um die Signale sicher und in hoher Qualität zu empfangen. Da es

---

[69] Breitbandanschlusseinheit, ankommende Signale verschiedener Anwendungen werden aufgeteilt und über getrennte Anschlüsse zur Verfügung gestellt.

mehrere Kompressionsverfahren[70] für die Übertragung von Mediendaten gibt, sind Set-Top-Boxen-Hersteller angehalten, diese hardwaremäßig oder softwaremäßig zu implementieren. Beispiele für eingesetzte Middleware sind: Mediaroom[71] von Microsoft und SmartVision TV[72] von Thomson.

3.3.2 PC-basierte Lösungen

Durch das Verschmelzen von Bewegtbild-Applikationen mit den Webinhalten wird auch für Mediendaten-Dienstanbieter der Personalcomputer immer interessanter. Kleinere Computer, die von der Art des Gehäuses eher einer Set-Top-Box gleichen, haben schon lange Einzug ins Wohnzimmer gehalten. Diese HTPCs[73] benötigen in der Regel lediglich eine Softwareinstallation (Beispielsweise: Windows Media Center oder LinuxMCE) und einige Hardwarekomponenten, um die Bildausgabe über ein TV-Gerät zu ermöglichen. Durch die Möglichkeit, eine Fernbedienung zu integrieren, leisten diese Geräte den gleichen Funktionsumfang wie die Set-Top-Boxen. Da jedoch die Dekompression der Mediendaten über die Software erfolgt, sind die PC-basierenden Endgeräte offen für zukünftige Kompressionstechniken.

3.3.3 Weitere Endgeräte

Einige Spielkonsolen besitzen die technischen Voraussetzungen für den Einsatz als IPTV-Endgerät. Siemens entwickelte bereits vor Jahren eine Software für Sonys Play Station 2, die das Gerät fit für den IPTV-Empfang machen sollte. Aufgrund der Hardwareleistung dieser Spielkonsole war die Umsetzung jedoch sehr schwierig. Erst mit der Einführung der Play Station 3 waren die Hardwarevoraussetzungen gegeben. Derzeit gibt es jedoch nur den Standard für den asiatischen Markt. Die Xbox 360 von Microsoft hingegen, beherrscht nicht nur die Videoausgabe in PAL-Auflösung problemlos sondern sogar High Definition. Xbox-Besitzer können dank der IPTV Software gleichzeitig eine TV-Sendung aufzeichnen, an

---

[70] Vgl. Kapitel 3.1.1 Kompression.
[71] Vgl. http://www.microsoftmediaroom.com. (abgerufen am 28.05.2008).
[72] Vgl. http://www.smartvisiontv.com/solutions/video/iptv.html (abgerufen am 28.05.2008).
[73] HTPC: Home Theater Personal Computer ist ein auf PC-Komponenten basierendes Gerät in Form eines Hi-Fi Bausteins.

einem Spiel teilnehmen, mit Freunden online plaudern oder ein Fernsehprogramm sehen.

Als weiteres Endgerät, kann auch der Fernseher selbst eingesetzt werden. Dazu muss er über die notwendigen Hardwarekomponenten verfügen und Schnittstellen zum Anschluss eines IPTV-Netzwerkes besitzen.

Interessant sind auch die Entwicklungen im mobilen Bereich. TV-Geräte mit integrierter IPTV-Empfangshardware für kabellose Übertragung sind auf dem Vormarsch.

3.4 Datenbanken

Um die Metainformationen der Mediendaten und die Metadaten der Nutzerprofile speichern und auswerten zu können, bedarf es einer genau organisierten Datenbank. Eine Datenbank ist aus Tabellen aufgebaut. Jede Tabelle enthält Datensätze, die durch Datenfelder organisiert sind.[74]

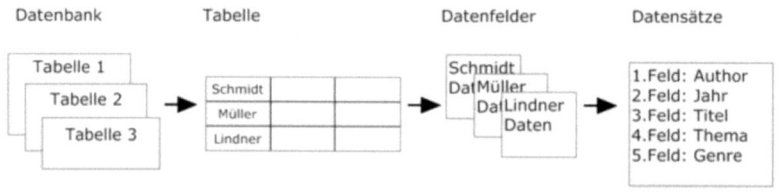

Abbildung 3: Bestandteile einer Datenbank (angelehnt an Diepold (2008): Datenbanken, grundlegender Aufbau)

Diese einfache Beschreibung ist die Grundlage aller Datenbanken. Die Eingabe der Metainformationen kann über ein Formular, direkt in eine Tabelle der Datenbank oder durch automatisierte Übernahme von vorhandenen externen Daten erfolgen. Dafür steht eine externe Datenbanksprache zur Verfügung. Die Verwaltung der Datenbank wird durch eine interne Software, das Datenbankmanagementsystem, organisiert.[75]

3.4.1 Anforderung an Datenbanken

Eine der wichtigsten Anforderungen ist die Übersichtlichkeit. Je mehr Daten in die Datenbank eingepflegt werden, desto komplizierter wird es, die

---

[74] Vgl. Diepold (2008): Datenbanken, grundlegender Aufbau.
[75] Vgl. Diepold (2008): Datenbanken, grundlegender Aufbau.

Übersicht zu behalten. Schon beim Datenbankentwurf muss die Struktur beachtet werden. Sie richtet sich nach der Art der zu speichernden Daten.

Ist beim Datenbankentwurf bekannt, um welche Daten es sich handelt, kann ein spezifisches Schema aufgestellt werden. Bei diesem Schema erhalten alle Elementbezeichner einen Namen, der spezifisch für diese Art der Daten ist. Für ein Buch wären dies Elemente wie Titel, Autor, Verlag, ISBN-Nummer und Auflage. Die Vorteile sind eine gute Lesbarkeit der Daten bei der Erstellung von Abfragen.

Dem gegenüber steht jedoch die Abhängigkeit von einem bestimmten Datentyp. Kommen neue, noch nicht eingeplante Datentypen hinzu, die nicht in das bisherige spezifische Schema passen, muss das Schema erweitert werden. In vielen Fällen bleibt nur die Möglichkeit, ein weiteres spezifisches Schema zu erstellen, um nicht die gesamte Datenbank neu organisieren zu müssen. Die Verwaltung von mehreren Schemata führt zu komplexeren Suchabfragen.[76]

Die Alternative zum spezifischen Schema ist das allgemeingültige, also generische Schema. In diesem sind Elementbezeichnungen nicht festgelegt sondern können frei definiert werden. Jedoch müssen zu jeden Datenbankeintrag nun die jeweiligen Attribute hinzugefügt werden. Das führt zu einer deutlichen Vergrößerung des Platzbedarfs und verringert die Lesbarkeit.[77]

Zu diesen strategischen Anforderungen kommen noch die allgemeinen Anforderungen Dauerhaftigkeit, Umgang mit großen Datenmengen, Mehrbenutzerbetrieb, Fehlerbeständigkeit und Abfragemöglichkeit.

Dauerhaftigkeit

Unter Dauerhaftigkeit oder dem in der Informatik benutzten Begriff Persistenz, ist das Erhalten bleiben von Daten in der Datenbank gemeint. Alle eingepflegten Daten müssen so gespeichert werden, dass sie dauerhaft zur Verfügung stehen und nur durch autorisierte Benutzer geändert oder gelöscht werden können. Üblicherweise werden zum Speichern nichtflüchtige Speichermedien wie beispielsweise Festplatten verwendet.

---

[76] Vgl. Meier, Wüst (2003): Objektorientierte und objektrelationale Datenbanken.
[77] Vgl. Meier et al. (2003): Objektorientierte und objektrelationale Datenbanken.

Umgang mit großen Datenmengen

Datenbanken können sehr groß werden. Diese großen Datenmengen müssen verwaltet werden. Je nachdem, um welche Datenbank es sich handelt, müssen unterschiedliche Verwaltungsvorgänge realisiert werden. So haben zum Beispiel XML-Datenbanken[78] einen sehr großen Overhead an Verwaltungsinformationen. Diese sind nötig, um eine, sowohl für Menschen, als auch für Maschinen lesbare Form zu bewahren.

Mehrbenutzerbetrieb

Die Datenbank muss in der Lage sein, mehrere Anfragen gleichzeitig zu beantworten. Das ist Aufgabe der Datenbanksoftware. Sie verwaltet Berechtigungen von Benutzern und steuert Prozesse verschiedener Benutzer mit Hilfe von Transaktionen. Das Transaktionsmanagement verhindert, dass Daten von verschiedenen Benutzern gleichzeitig geändert werden können. Die Software sperrt vorübergehend den Zugriff auf diese Daten und gibt sie nach erfolgreicher Änderung wieder frei. Es wird ein konsistenter Stand gewährleistet.

Fehlerbeständigkeit

Passiert ein Fehler welcher die Datenbank in einen inkonsistenten Zustand bringt, müssen geeignete Hilfsmittel verfügbar sein, um die Datenbank wieder in einen konsistenten Stand zu überführen. Dies wird auch als Rekonstruierbarkeit bezeichnet. Nicht abgeschlossene Transaktionen müssen rückgängig gemacht werden, was durch eine zuvor vorgenommene Sicherung der Daten erfolgen kann.

Abfragemöglichkeit

Auch als Ad-hoc Abfragemöglichkeit bezeichnet. Für das Abfragen von Daten muss eine geeignete Datenbanksprache vorhanden sein. Sie ermöglicht es, alle in der Datenbank gespeicherten Informationen zu erhalten. Die Datenbanksprache sollte komplexe Abfragen ermöglichen.

---

[78] XML: Extensible Markup Language.

3.4.2 Verschiedene Datenbanken

Derzeit gibt es verschiedene Datenbanksoftware, die nach dem relationalen Datenbankmodell aufgebaut sind. Grundlage dieses Modells ist die Relation. Sie stellt eine mathematische Beschreibung einer Tabelle dar. Trotz dieser mathematischen, abstrakten relationalen Algebra sind diese Datenbanken einfach und flexibel zu handhaben. Das führte letztendlich zum Erfolg dieser Datenbanktechnik. Als bekanntester Vertreter ist hier MySQL zu nennen. Aber auch Microsoft Access, Microsoft SQL Server und die Oracle Datenbanksoftware folgen diesem Datenbanksystem. Neben dem relationalen Datenbankmodell gibt es verschiedene andere Konzepte. Objektorientierte Datenbanken können Datenobjekte, die gegenüber dem relationalen Entwurf nur schwer auf die flachen relationalen Tabellenstrukturen abgebildet werden können, einfacher speichern. Sie haben jedoch bei der Verarbeitung großer Datenmengen Performancenachteile gegenüber relationalen Datenbanken. Die Leistungsprobleme werden durch eine Kombination beider Systeme in den objektrelationalen Datenbanken minimiert. Das geht aber nur bei Objekten mit niedriger Komplexität. Die PostgreSQL[79] Datenbanksoftware folgt diesem System.[80]

Neue Datenbankkonzepte unterscheiden sich von den herkömmlichen Datenbankmodellen darin, dass sie kein fest vorgegebenes Schema haben. Die XML-Datenbanken sind typische Vertreter dieses Typs. Sie verwalten die Daten als XML-Fragmente, hierarchisch geordnet oder in beliebigen Strukturen, immer jedoch nach einer festgelegten Definition. Nachteil von aktuellen XML-Datenbanken ist die im Vergleich zu relationalen Systemen geringere Performance.[81]

MySQL

MySQL ist eine freie Datenbanksoftware, die auf fast jedem heute verwendeten Betriebssystem eingesetzt werden kann. Ein bevorzugtes Einsatzgebiet von MySQL ist die Datenspeicherung für Web-Services. Dort können Programmierer die ausgereifte Datenbanksoftware einbetten und Daten mit hoher Geschwindigkeit erfassen, speichern und auswerten. Einem Datenbankmanagementsystem können mehrere Datenbanken mit

---

[79] Vgl. http://www.postgresql.org (abgerufen am 02.05.2008).
[80] Vgl. Kemper, Eickler (2006): Datenbanksysteme. S. 69-71.
[81] Vgl. Kemper et al. (2006): Datenbanksysteme. S. 541.

mehreren Tabellen unterschiedlichen Typs zugeordnet werden. Die maximale Größe der Tabellen wird nur durch das Betriebssystem limitiert.[82]

Microsoft Access

Access speichert alle Daten einer Datenbank, sowohl Elemente der Oberfläche als auch die Datenbanktabellen, in eine einzelne Datei. Es ist jedoch möglich, die Tabellendefinitionen und den Datenbestand in einer Frontend- und Backend-Funktion zu nutzen. Durch die Bereitstellung von visuellen Programmierobjekten, die speziell auf den Datenbankzugriff optimiert sind, ist es innerhalb von kurzer Zeit möglich, datenbankbasierte Anwendungen zu erstellen, ohne umfangreiche Programmierarbeiten durchführen zu müssen. Daraus lässt sich erkennen, dass Microsoft das Programm Access offenbar vor allem für den Endbenutzer entwickelt hat und Programmierer im professionellen Umfeld nur am Rande im Blick hatte. Die Datenbanksoftware gibt es nur für das hauseigene Betriebssystem. Das hat zur Folge, dass eine Offene Datenbank-Schnittstelle (ODBC[83]) zur Verfügung gestellt werden muss, um von anderen Systemen auf eine Access Datenbank zugreifen zu können. Mit dieser Datenbankschnittstelle, die SQL[84] als Datenbanksprache verwendet, kann auf jede lokale oder ferne Datenquelle zugegriffen werden. Anzufügen ist noch, dass Access nur bedingt netzwerktauglich ist, da es eine hohe Netzwerklast erzeugt.

Von Microsoft wird in Anlehnung an die Datenbanksprache SQL die Datenbanksoftware MS-SQL Server, die sich am Standard der aktuellen SQL-Version orientiert, als weitere Datenbanksoftware vertrieben. MS-SQL läuft jedoch auch nur auf den Betriebssystemen von Microsoft.

Oracle

Die Oracle Datenbanksoftware ist sehr ausgereift und bietet sehr gute Skalierbarkeit sowie einen sehr großen Funktionsumfang. Ihre Architektur ist, bei entsprechender Hardware, auch unter der Last einer großen Zahl an gleichzeitig aktiven Nutzern stabil und enorm leistungsfähig. Die Oracle Datenbanksoftware ist für fast alle heute verwendeten Betriebs-

---

[82] Vgl. Stepken (1999): MySQL Datenbankhandbuch.
[83] ODBC: Open Database Connectivity, Offene Datenbank-Verbindungsfähigkeit.
[84] SQL: Datenbanksprache zur Definition, Speicherung und Abfrage von Daten in Datenbanken, Siehe Kapitel 3.4.3. Datenbanksprachen und Skriptsprachen.

systeme erhältlich und als Express-Edition (XE) kostenlos nutzbar. Wichtige Grundeigenschaften sind die plattformübergreifende Unterstützung verteilter Datenbanken, die Data Warehouse[85] Funktionalität, die intelligente Datensicherung und zahlreiche Mechanismen für den Datenschutz. Als Nachteil stehen dem die hohen Anschaffungskosten der Software und das praktisch nicht Vorhandensein einer Frontend-Funktionalität entgegen.

Fazit

Zusammenfassend lässt sich über Vor- und Nachteile der einzelnen Datenbanksoftware sagen, dass es bei der Frage, für welches System man sich entscheidet, auf die einzelnen Anforderungen der Datenbank ankommt. Aufgrund vertraglicher Unterlassungsverpflichtungen der bekannten Datenbankanbieter Oracle und Microsoft wird sehr wenig über die Performancevergleiche von Datenbanksystemen veröffentlicht.

3.4.3 Datenbanksprachen und Skriptsprachen

Datenbanksprachen enthalten Anweisungen, die das Datenbankmanagementsystem zu einer Aktion veranlassen. Sie können in Skriptsprachen eingebettet werden, um komplexe Verarbeitungen zu ermöglichen.

SQL

SQL (Structured Query Language) ist die am weitesten verbreitete Datenbanksprache. Durch die an die natürliche Sprache angelehnten Anweisungen, dient sie zur unkomplizierten Kommunikation zwischen Benutzer und Datenbanksystem. Sie ist aber kein zwingender Bestandteil des Datenbankmanagementsystems. Die wichtigsten Anweisungen betreffen das Einrichten und Löschen der Datenbanken und der in ihnen enthaltenen Tabellen. SQL bietet jedoch viel mehr. Das Einfügen, Verändern und Löschen von Daten sowie komplexe Abfragen der Daten sind möglich. SQL verbindet sowohl interaktive Anwendungen, als auch Skriptsprachen mit moderner Datenbanktechnologie.[86]

---

[85] Zentrale Datensammlung, deren Inhalt sich aus Daten unterschiedlicher Quellen zusammensetzt.

[86] Vgl. Moos (2004): Datenbank-Engineering. S. 126-128.

ASP und ASP.NET

ASP (Active Server Pages) und die Weiterentwicklung ASP.NET sind Skriptsprachen, die auf Microsoft-Servern ausgeführt werden, um dynamische Webseiten zu erzeugen. Dabei wird das Script, geschrieben in einer kompatiblen Programmiersprache wie Visual Basic, C-Sharp oder der Microsoft Variante von C++, serverseitig ausgeführt und die generierten HTML-Seiten werden an Browser übergeben. Der Vorteil von ASP gegenüber anderen Skriptsprachen ist, dass der Skript-Code bereits vor dem Aufruf der Seite durch den Browser, kompiliert wird. Die Abarbeitung wird deutlich beschleunigt und mögliche Fehler entstehen nicht erst beim Aufruf der Webseite. In ASP lassen sich die meisten Datenbankformate verarbeiten. Der große Nachteil liegt jedoch in der Bindung an ein Microsoft Server Betriebssystem, auf dem die Seiten ausgeführt werden müssen.[87]

PHP

PHP (Personal Homepage Processor) ist wie ASP und ASP.NET eine in HTML[88]-Seiten eingebettete Skriptsprache. Sie ist jedoch Open-Source, also frei nutzbar und plattformunabhänig. PHP wurde eigens zur Webprogrammierung entwickelt und zeichnet sich durch die leichte Erlernbarkeit und die breite Datenbankunterstützung aus. Im Gegensatz zu ASP wird der PHP-Script-Code erst beim Aufruf der Seite serverseitig ausgeführt. An den Browser wird dann das Ergebnis in HTML-Code übergeben und dargestellt. Die sich daraus ergebende schlechtere Performance ist der Nachteil gegenüber ASP. PHP ist objektorientiert und bietet Möglichkeiten des Aufbaus in Modulen. Gegenwärtig gilt PHP als beliebteste Skriptsprache der Web-Programmierer, so dass es für neue Projekte und selbst für einen Umstieg von alten Projekten zu empfehlen ist. Vorteilhaft ist auch die perfekte Zusammenarbeit mit dem Datenbanksystem MySQL.[89]

---

[87] Vgl. http://www.asp.net (abgerufen am 20.03.2008).
[88] HTML: Hypertext Markup Language, ist eine textbasierte Auszeichnungssprache, die ein Programm (Browser) zum interpretieren und anzeigen benötigt.
[89] Vgl. http://www.php.net (abgerufen am 23.03.2008).

Andere serverseitige Skriptsprachen

Es gibt noch eine Menge anderer Skriptsprachen, die je nach Einsatzgebiet Vor- und Nachteile bieten. Als älteste serverseitige Skriptsprache ist Perl[90] zu nennen. Das damalige Konzept einer einfachen Programmierbarkeit, Vollständigkeit und Anpassbarkeit wird bei den meisten Skriptsprachen weitergeführt.

---

[90] Vgl. http://www.perl.org (abgerufen am 04.04.2008).

4. Metadaten

Metadaten oder Metainformationen sind Informationen, die andere Daten beschreiben. Sie umschreiben mit vordefinierten Beschreibungselementen präzise Form, Aufbau, Strukturierung und Inhalt. Je nachdem was beschrieben werden soll, fallen die Metadaten unterschiedlich aus. So stehen bei einer Buchbeschreibung zum Beispiel die Elemente: Titel, Autor, Verleger und Kurzinhalt zur Verfügung, während bei einer Audiobeschreibung beispielsweise der Artist, der Songtitel, das Album und das Plattenlabel erfasst werden. Damit die Metadaten möglichst gleichartig und dadurch nutzbar sind, wurden bestimmte Konventionen und Standards definiert.

Um eine große Menge an Metadaten effizient verwalten und beschreiben zu können, verwendet man unterschiedliche Arten von Metainformationen. Dabei unterscheidet man zwischen semantischen Metainformationen, syntaktischen Metainformationen, strukturellen Metainformationen und navigatorischen Metainformationen.

Die semantischen Metainformationen beschreiben den Inhalt unter Verwendung von Schlüsselwörtern. Sie leisten eine „Abstraktion vom Inhalt"[91] einer Information. Der Zweck besteht darin, die in der Information vorkommenden Konzepte für die Weiterverarbeitung möglichst genau und umfassend zu beschreiben. Diese Beschreibung wird benötigt, um sie mit anderen Informationen vergleichbar zu machen. Die syntaktischen Metainformationen sind für die Datenverarbeitungstechnik relevant. Sie gewährleisten den Zugriff auf die Daten selbst. Die strukturellen Metainformationen beschreiben vorhandene Objektstrukturen wie Hierarchien oder Topologien. Sie legen fest, welche Form die Ausgabedaten haben sollen und welche thematischen Verknüpfungen zwischen den einzelnen Themen benötigt werden. Die navigatorischen Metainformationen sind eine Wegbeschreibung zu den Daten. Sie identifizieren den Standort und beschreiben den Weg auf dem der Interessent an die Informationen kommt.[92]

---

[91] Cendekia-Vera (2002): Text Mining - Grundlagen, Verfahren, und Anwendungen. S. 4.

[92] Vgl. Kraus (2000): Photogrammetrie. Bd. 3, Topographische Informationssysteme. S. 330-332.

4.1 Die Metainformationen der Audio- und Videodaten

Sie bestehen aus syntaktischen und semantischen Metadaten. Das können automatisch aus dem Medienmaterial erzeugte Daten, wie Videoquellenformat, Videokompressionsformat, Audioquellenformat und Audiokompressionsformat, sein, aber auch Daten, die normalerweise manuell erzeugt werden. Das sind zum Beispiel Produktionsnummer, Titel, Datum, Uhrzeit, Beschreibung, Name des Autors, des Kameramannes, des Cutters und der Produktionsfirma. Aber auch Daten über das Datum der Erstausstrahlung, den ausstrahlenden Rundfunksender, statistische Informationen über die Einschaltquoten zur Erstausstrahlung oder Wiederholungen können wichtige Metainformationen zu Mediendaten sein. Von großem Interesse sind auch Eigentumsrechte und rechtliche Nutzungsbedingungen. So kann die Mediendatei territorialen Bestimmungen, Nutzungszyklen, Beschränkungen der Wiederholungshäufigkeit oder Jugendschutzbestimmungen unterliegen.

Einen ganz wichtigen Punkt bilden die Schlüsselwörter. Sie beschreiben den Inhalt der Audio- und Videodaten so, dass Auswertungen und Vergleiche untereinander möglich sind.

4.1.1 Generierung der Metainformation

Metadaten könnten schon bei der Erstellung einer Audio- und Videosequenz, im Folgenden als Beitrag bezeichnet, generiert werden. Informationen wie Aufnahmestandort, Aufnahmedatum und Uhrzeit können automatisch mit dem Aufzeichnungsmaterial verknüpft werden. Oft werden sogar schon während der Produktionsvorbereitung Metainformationen erzeugt, diese können später dem fertigen Sendebeitrag zugeordnet werden. So wird bei der Postproduktion der Text des gesprochenen Wortes im Beitrag an die Auftraggeber, meist eine übergeordnete Redaktion des Senders, zur Abnahme gesendet. Wird dieser von den Auftraggebern abgenommen, wird er anschließend vertont. Der fertige Beitrag geht zusammen mit dem abgenommenen Sprechertext an den Sender. Aus diesem Text können qualitativ hochwertige Metainformationen gewonnen werden, ohne den Beitrag anschauen zu müssen. Er enthält auch materialbezogene Informationen, wie beispielsweise Videoformat, Aspect Ratio[93], Audioformat, Audioparameter und objektbezogene Informationen wie Produktionsnummer, Produktionsdatum, Länge des Beitrages, Name

---

[93] Das Seitenverhältnis des Bildes, typischerweise 4 zu 3 oder 16 zu 9.

des Beitrages, Name des Redakteurs, des Kameramanns, des Cutters, der Drehorte und den Kurzinhalt.

Doch mittels der Textfassung des Beitrags können noch weitere Metainformationen gewonnen werden. So gibt sie Aufschluss über gezeigte Personen oder Sachverhalte. Personen, die im Beitrag zu Wort kommen, sind im Text namentlich erfasst. Der Name wird zur Metainformation.

Die Erschließung des Textes stellt den ersten Schritt der Weiterverarbeitung dar. Dabei wird der Inhalt meist auf das Wesentliche beschränkt und nach Schlüsselwörtern durchsucht.

Textzusammenfassung

Unterscheidbar sind zwei Arten von Textzusammenfassung: Summarization und Abstracting. Die Summarization unterscheidet sich vom Abstracting darin, dass keine neuen Sätze konstruiert werden, sondern dass die wichtigsten Sätze herausgefiltert werden. Die Qualität dieser Textzusammenfassung lässt sich durch die Häufigkeit der Wörter des gesamten Textes im Vergleich zur Häufigkeit der Wörter in dem zusammengefassten Text vergleichen.[94]

Schlüsselwortextraktion

Ist eine Menge von Schlüsselwörtern bekannt, nach denen ein Beitrag eingeordnet und kategorisiert wird, kann der Text nach diesen Wörtern durchsucht werden. Das kann personell oder auch maschinell mit Hilfe einer geeigneten Software geschehen. Das mehrfache Auftreten eines bestimmten Schlüsselwortes oder dessen Synonymen kann ein Grad der Wertigkeit des Schlüsselwortes sein.

Soll die Schlüsselwortextraktion frei von einer Menge vorhandener Schlüsselwörter durchgeführt werden, müssen sprachliche Besonderheiten berücksichtigt werden. So sind Füllwörter wie beispielsweise Artikel, Präpositionen und Konjunktionen als Schlüsselwörter ohne Bedeutung. Das Auslassen dieser Wörter ist einfach. Schwieriger wird es herauszufinden, welche Schlüsselwörter welche Relevanz besitzen. Mit Hilfe eines Relevanzfilters sollen unerwünschte Schlüsselwörter erkannt und herausgefiltert werden. So kann zwar das Wort „Kultur" sehr oft im Text vor-

---

[94] Vgl. Cendekia-Vera, (2002): Text Mining - Grundlagen, Verfahren, und Anwendungen. S. 4.

kommen, doch die Wertigkeit gegenüber dem kulturellen Ereignis, zum Beispiel der Neueröffnung eines Theaters in München, das nur einmal im Text genannt wird, kann gleich hoch sein. Damit verringert sich die Menge der brauchbaren Wörter und die Qualität der einzelnen Schlüsselwörter als Unterscheidungskriterium erhöht sich.[95]

Lexikalische Affinitäten

Eine sich gegenseitig ergänzende Gruppe von Wörtern, die häufig innerhalb einer kurzen Entfernung voneinander im Satz vorkommen, können als „wertvolle" Schlüsselwörter herausgefiltert werden. Der Grund solcher Beziehungen ist, dass Wortpaare, die eine gewisse Mindesthäufigkeit aufweisen, auch eine gute Annäherung zum Thema bieten.[96]

Mit diesen und noch viel komplexeren Zusammenhängen können Schlüsselwörter aus Beitragstexten heraus extrahiert werden. Die Gesamtheit aller Metainformationen bildet die Grundlage für eine spätere Auswertung. Bei einer dateibasierten, bandlosen und vernetzten Produktionsweise stehen mehrere Austauschformate[97] zur Integration vom Metainformationen zur Verfügung. Immer wenn Metainformationen erzeugt werden, können diese über Content-Management-Systeme in das Austauschformat eingepflegt werden.

Nicht immer ist ein Text zum Beitrag oder zur Sendung verfügbar. Dies macht ein manuelles Sichten und Beschreiben des Inhaltes unerlässlich. Insgesamt wird durch die manuelle Kontrolle die Qualität der Metainformationen erhöht.

4.1.2 Austauschformate

Der Austausch von Mediendaten und Metainformationen spielt heute eine wichtigere Rolle denn je. Die Produktion von Mediendaten geschieht zunehmend dateibasiert. Die Produktionsumgebung wird vernetzt und bandlos. Für die Schritte der Produktion bis hin zur Archivierung und Distribution benötigt man ein universelles, unabhängiges und skalierbares Austauschformat.

---

[95] Vgl. Cendekia-Vera, (2002): Text Mining - Grundlagen, Verfahren, und Anwendungen. S. 7-9.
[96] Vgl. Cendekia-Vera, (2002): Text Mining - Grundlagen, Verfahren, und Anwendungen. S. 4-5.
[97] Vgl. Kapitel 4.1.2 Austauschformate.

MPEG-7 und MPEG-21

Das Haupteinsatzgebiet von MPEG-7 und MPEG-21 ist die digitale Medienbibliothek, die von jedem beliebigen Ort abgefragt werden kann. Es soll daher auch als Austauschformat verstanden werden, da Metainformationen für verschiedene Produktionsschritte zur Verfügung gestellt werden.

MPEG-7 hat das Ziel verschiedene Mediendaten mit Metainformationen zu beschreiben. Aufbauend auf XML, benutzt MPEG-7 einen Standard und ist so entwickelt, dass alle Beschreibungsmittel anwendungs- und domänenunabhängig verwendet werden. Dabei ist es mit automatischen Routinen möglich, Szenentrennungen, Kamerabewegungen oder technische Parameter der Mediendaten zu erkennen und zu beschreiben. Liegen die Metainformationen in dem standardisierten Format vor, können sie als Datenbasis für eine Mediendaten-Datenbank dienen, in der Mediendaten verwaltet und entsprechend abgefragt werden können.[98]

Mit MPEG-21 kann die Verteilung von Medieninformationen dargestellt werden. Dies umfasst Umschreibungen in Stadien wie Produktion und Vermarktung sowie das Reagieren auf bestimmte Nutzeranforderungen. So kann in Abhängigkeit zu dem Endgerät eines Nutzers ein angefordertes Objekt im entsprechenden Format dargeboten werden.[99] Die MPEG-21 Spezifikationen überschneiden sich teilweise mit MPEG-7 Spezifikationen, so dass ein MPEG-21 Objekt auch aus MPEG-7 Teilen bestehen kann.

Zur Verdeutlichung dessen, was der MPEG-21 Standard zukünftig leisten soll, ein Beispiel: Ein Formel 1 begeisterter Zuschauer möchte sich alle Überholmanöver seines Lieblingsrennfahrers nach dem Rennen in einer kurzen Sequenz zusammengestellt anschauen. Diese Anfrage wird an einen Softwareagenten geschickt, der die ihm zugänglichen Server nach Inhalten durchsucht und entsprechend der Zuschaueranfrage die Szenen heraussucht. Er stellt dynamisch eine Sendung zusammen, die physikalisch in dieser Form eigentlich gar nicht existiert.

MXF

Mit dem Material Exchange Format (MXF) steht den Produktionsfirmen ein sehr komplexes Austauschformat zur Verfügung. Häufig wird MXF

---

[98] Vgl. Schmidt (2003): Professionelle Videotechnik. S. 151.
[99] Vgl. Schmidt (2003): Professionelle Videotechnik. S. 152.

auch als Container oder Wrapper[100] bezeichnet, da neben den Mediendaten auch die Metainformationen in dem Format abgelegt werden. MXF ist unabhängig von dem eingesetzten Kompressionsformat. Selbst wenn ein Empfänger die Komprimierung nicht decodieren kann, ist eine Auswertung des Inhaltes anhand der Metainformationen möglich. Das MXF-Format befindet sich derzeit in der Einbindungsphase bei verschiedenen Programmanbietern und Produktions-firmen. Verschiedene Hersteller unterschiedlicher Hardware und Softwarekomponenten unterstützen unterschiedliche Teile des Standards. Durch die nur in Teilen vorhandene Integration kommt es noch zu Kompatibilitätsproblemen zwischen den verschiedenen Systemen.

Weitere Austauschformate

Das Advanced Authoring Format (AAF) wird in der Postproduktion der Mediendaten verwendet. Mit AAF können Metainformationen über den harten Schnitt hinaus beschrieben werden, also wie sind zwei Szenen überblendet oder wie wirken sich Spezialeffekte auf das Bild- und Audiomaterial aus. Diese sehr komplexen Zusammenhänge werden meist nur in einzelnen Produktions-abschnitten benötigt. Die Teile, die die fertige Mediendatei betreffen, wurden in MXF übernommen.[101] Für die Archivierung steht das General Exchange Format (GXF) zur Verfügung. Der Standard wird der bei der bandbasierenden Speicherung eingesetzt.

4.2 Die Metadaten der Nutzer

Die Frage, die sich zu Beginn der Überlegung stellt, ist: wie komme ich an die Metadaten, welche die Sehgewohnheiten des Nutzers widerspiegeln? Die einfachste Art und Weise, ist die Befragung des Nutzers. Das wird üblicherweise bei der Registrierung durchgeführt. Diese statischen Daten bilden das Grundgerüst der Metadaten. Der Nutzer muss natürlich jederzeit die Möglichkeit haben, diese statischen Daten zu ändern. Der nächste Schritt, ist das permanente „Sammeln" von Daten. Dies läuft meist im Hintergrund ab. Diese dynamischen Daten bilden die Vorlieben und Interessen des Nutzers besser ab.

---

[100] Wrapper: englisch für Umschlag.
[101] Vgl. http://www.aafassociation.org (abgerufen am 09.05.2008).

4.2.1 Statische Daten

Bei der Anmeldung zu einem personalisierten Dienst wird vom Nutzer beispielsweise neben seinem Namen auch Adresse, Alter, Geschlecht, Familienstand, Schulbildung und Beruf erfragt. Einige dieser Daten lassen unter Einbeziehung von soziodemografischen Merkmalen Rückschlüsse über Lebensstil und Gewohnheiten des Nutzers zu. So kann der Wohnort München Aufschluss über einen Lebensstil des Nutzers geben, der möglicherweise anders ist, als der eines Nutzers mit ländlichem Wohnort. Auch kann eine hohe Schulbildung, zusammen mit einem bestimmten Beruf unter Berücksichtigung der Fremddaten zum Einkommen der Berufsgruppe, das soziale Milieu des Nutzers wiederspiegeln.

Zusätzlich können die Daten des Nutzers über Hobbys, Interessen und Gewohnheiten in Form eines Fragebogens noch mehr personalisiert werden. Der Umfang einer solchen Befragung muss ein Balanceakt zwischen dem, was der Nutzer bereit ist, über sich Preis zu geben und der benötigten Datenmenge sein. Daraus ergeben sich Merkmale für den Fernsehkonsum. Derzeit werden die Zuschauer in ihrem Fernsehnutzungsverhalten nach folgenden Merkmalen eingeteilt:

Der Milieuansatz

Soziodemografische Merkmale erfassen die Bedürfnisse der Nutzer nicht umfassend. Der Milieuansatz geht über die klassischen Variablen der Soziodemografie hinaus und fasst Nutzer mit gleichen Interessen und Lebensstilen zusammen. Dazu lässt sich jeder Nutzer ab 14 Jahren in eine von zehn Kategorien einordnen:

Die *Etablierten* sehen sehr gezielt und durchschnittlich 199 Minuten pro Tag fern. Sie bevorzugen die öffentlich-rechtlichen Sender und die tagesaktuellen Nachrichten sowie Sendungen zum aktuellen wie auch historischen Zeitgeschehen und zur Politik. Das begründet sich durch eine gute Schulbildung, beruflichen Erfolg, das Verfolgen von klaren Karrierestrategien, einer pragmatisch und realitätsorientierten Lebensphilosophie und hohem Lebensstandard. Sie sorgen materiell für ihre Familie vor und setzen auf eine gute Ausbildung ihrer Kinder. Zum Lebensgenuss gehören individuelles Reisen, sportliche Aktivitäten wie Golf, Tennis und Luxus.[102]

---

[102] Vgl. Dannhardt, Nowak (2007): Sinus-Milieus. S. 6-7.

Die *Postmateriellen* sind in ihrer Fernsehnutzung sehr selektiv und schauen mit 177 Minuten pro Tag im Milieuvergleich am wenigsten fern. Reportagen und Dokumentationen zu Kultur, Kunst, sozialen und gesellschaftspolitischen Themen werden im öffentlich-rechtlichen Fernsehen konsumiert. Ihre Themenwahl wird durch eine liberale Grundhaltung, durch Weltoffenheit, Toleranz und Multikulturalität geprägt. Sie wollen in ihrem Denken der Gesellschaft immer einen Schritt voraus sein. Aufgrund ihrer Aufgeschlossenheit und ihrer hervorragenden Ausbildung sind sie meist erfolgreich im Beruf und vertrauen ihren Fähigkeiten. Sie begeistern sich für spezielle US-Serien und -Spielfilme. [103]

Die *Modernen Performer* sehen mit täglich 194 Minuten sehr gezielt fern. Sie mögen Sendungen, die ihrem Lebensgefühl und ihrer Vorstellung von Entertainment entsprechen. Die meist junge, unkonventionelle Leistungselite führt ein intensives Leben. Flexibilität, Ehrgeiz und das Erproben von sportlichen Leistungsgrenzen kennzeichnen das dynamischste, vitalste und optimistischste Milieu in Deutschland. Sie sind aufgeschlossen für neue Sendungen, Comedy, Casting-Shows und begeistern sich für US-Fiktion aller Formate. [104]

Die *Konservativen*, meist in der Altersgruppe über 60 Jahre, liegen mit einer Sehdauer von 212 Minuten pro Tag im Milieuvergleich im Durchschnitt. Fernsehen hat für sie vorwiegend Bildungs- und Informationsfunktion. Mit großem Interesse verfolgen sie Nachrichten-, Informations- und Kultursendungen. Die Konservativen stehen für Werte, Traditionen und die „gute alte Ordnung". Sie befinden sich meist nach erfolgreicher, verantwortungsbewusster Berufskarriere im gesicherten Ruhestand. Sie interessieren sich für klassische Kunst, unternehmen Kulturreisen und verfolgen das Zeitgeschehen in Politik, Wissenschaft und Wirtschaft. Der Erhalt geistiger und körperlicher Frische wird durch eine gesunde Lebensführung, entsprechende Urlaubsaktivitäten und Reiseziele gewährleistet. [105]

Die *Häuslichen Traditionsverwurzelten*, in einem Alter von meist über 65 Jahren, verbringen mit rund 253 Minuten pro Tag überdurchschnittlich viel Zeit vor dem Fernsehgerät. Sie sehen seit den 50er Jahren die Sendungen der öffentlich-rechtlichen Senderfamilie. Diese Kriegs- und Nachkriegsgeneration ist geprägt von traditionellen Werten wie Pflichterfül-

---

[103] Vgl. Dannhardt et al. (2007): Sinus-Milieus. S. 8-9.
[104] Vgl. Dannhardt et al. (2007): Sinus-Milieus. S.10-11.
[105] Vgl. Dannhardt et al. (2007): Sinus-Milieus. S. 12-13.

lung, Sparsamkeit, Bescheidenheit, Sauberkeit und Ordnung. Je älter sie werden, umso wichtiger werden Familie, Freunde und Bekannte. Sie geben ihnen Halt und Wärme. Ihre Interessen sind sehr auf die eigenen vier Wände, die Familie, die eigene Gesundheit, Fernsehen, Basteln, Gartenarbeit und ehrenamtliches Engagement beschränkt. Ihrer Sehnsucht nach einer heilen Welt kommen Volksmusiksendungen nach. Aber auch schicksalhafte Serien im Nachmittagsprogramm werden gesehen.[106]

Die *DDR-Nostalgischen*, rund ein Fünftel der ostdeutschen Bevölkerung, liegt mit 308 Minuten pro Tag Fernsehnutzung stark über dem Durchschnitt von 229 Minuten. Sie sehen im Milieuvergleich am meisten fern und zeigen eine hohe Affinität zu Gerichtsshows, Crime-Dokus, Tiersendungen, fiktionalen Serien und älteren US-Serien. Sendungen der öffentlich-rechtlichen Sender werden gemieden. Lebte dies Nutzergruppe früher, bedingt durch eine gesicherte Arbeitsposition, sehr gut, üben sie heute einfache Berufe aus oder sind arbeitslos. Dieser Umstand führt zu Unzufriedenheit und Frustration mit der eigenen und der gesamtgesellschaftlichen Situation. Die Freizeitaktivitäten konzentrieren sich auf Heimwerken, Gartenarbeit und Renovieren der Wohnungseinrichtung, der Konsum tendiert zu Ostprodukten und Ostmarken.[107]

Die *bürgerliche Mitte* schaut 254 Minuten pro Tag fern und liegt damit auch über dem Durchschnitt. Die Vorlieben dieser familienorientierten Gruppe liegen bei deutschen fiktionalen Sendungen, Dokumentationen, die Einblicke in andere Lebenswelten gewähren und Ratschläge und Tipps zum Thema Wohnen, Familie, Erziehung und Ernährung geben. Die bürgerliche Mitte lebt in Balance von Arbeit und Freizeit. Gäste einzuladen, gemeinsam zu kochen, sich in der Freizeit sportlich zu betätigen, und ein harmonisches privates Umfeld sind Interessen die sie verfolgen. Konsumpriorität ist ein gemütliches Zuhause, ein gepflegtes Outfit und das Fortkommen der Kinder.[108]

Für die *Konsum-Materialisten* ist Fernsehen mit 258 Minuten pro Tag ein wichtiger Alltags- und Freizeitbestandteil. Sie wünschen sich ereignisreiche Unterhaltung mit gewissem Servicetainment-Charakter. Informationssendungen der Öffentlich-Rechtlichen sind weniger gefragt, dafür Doku-Soap-Formate, amerikanische Sitcoms sowie ältere und neue US-Serien. Durch ihre schlechte wirtschaftliche Situation haben sie Angst vor

---

[106] Vgl. Dannhardt et al. (2007): Sinus-Milieus. S. 14-15.
[107] Vgl. Dannhardt et al. (2007): Sinus-Milieus. S. 16-17.
[108] Vgl. Dannhardt et al. (2007): Sinus-Milieus. S. 18-19.

der Zukunft und das Gefühl der Benachteiligung in der Gesellschaft. Sie träumen von einem typischen spaß- und freizeitorientierten Lebensstil und erwarten diese Traumvorstellung in den Sendungen präsentiert zu bekommen.[109]

Die *Experimentalisten* liegen im Vergleich zu den anderen Milieus mit einer Fernsehdauer von 189 Minuten pro Tag unter dem Durchschnitt. Ihr Interesse an US-Fiction, vor allem der Sitcoms, deutscher Comedy, Castingshows, Mystery, Science-Fiction, Lifestyle und Magazinformaten ist gleichermaßen groß. Sie sind lockere Individualisten, tolerant und offen gegenüber Anderen. Der Lebensstil ist unkonventionell, sie wollen sich spontan entfalten, intensiv leben, aussteigen oder auswandern. Erfolg, Status und Karriere stehen nicht im Vordergrund. Optimismus, Vitalität und Kreativität dagegen schon. „Experimentalisten sind Multimedia-Kinder. Intensiv nutzen sie alle einschlägigen Angebote"[110] sowie alle Neuerungen.

Die letzte Gruppe sind die *Hedonisten*. Mit einer durchschnittlichen Sehdauer von 243 Minuten pro Tag liegen sie im mittleren Bereich. Sie sind nicht wählerisch was die Sendungen angeht. US-Serien, Comic-Formate und Telenovelas[111] werden jedoch häufiger konsumiert als Informationssendungen. Für die Hedonisten ist es wichtig, frei und unabhängig zu sein, auszubrechen aus den Zwängen des Alltags und den „Fun" zu suchen. Bezeichnenderweise führen sie ein Doppelleben: Anpassen und Zurückhaltung im Berufsalltag, extremes Ausleben der Bedürfnisse in der Freizeit. „Lebe jetzt und zahle später" ist die Devise vieler Hedonisten. Typisch ist ihr expansiver, outdoororientierter Lebensstil. Events mit starken Reizen, schnellen Autos individualistischen Szenen, Clubs und Fangemeinden stillen ihren Lebenshunger. Konsum, ohne darüber nachzudenken, ob das Geld dafür überhaupt da ist.[112]

Der Milieuansatz beruht auf drei Jahrzehnten sozialwissenschaftlicher Forschung. Dabei orientiert er sich an der Lebensweltanalyse moderner Gesellschaften. Doch werden sich einige Nutzer nicht in eine der zehn Gruppen einordnen lassen oder besitzen Merkmale von mehreren Gruppen. Der kurze Abriss der Milieu-Studie zeigt jedoch, dass den statischen

---

[109] Vgl. Dannhardt et al. (2007): Sinus-Milieus. S. 20-21.
[110] Vgl. Dannhardt et al. (2007): Sinus-Milieus. S. 22.
[111] Täglich gesendetes Serienformat mit einem klar definierten Anfang und festgelegtem Ende.
[112] Vgl. Dannhardt et al. (2007): Sinus-Milieus. S. 24-25.

Daten Fremddaten zugeordnet werden können, um den Nutzer besser zu personalisieren. Die Zusammenhänge sind jedoch viel komplexer und bedürfen Routinen, die eine Auswertung und Nutzung ermöglichen.

4.2.2 Dynamische Daten

Neben den statischen Daten können natürlich auch permanent Daten gesammelt werden. So kann geschaut werden, welches Programm der Nutzer gerade ansieht, welche Sendung er gerade On-Demand abruft oder über was er sich gerade in der Programmvorschau informiert. Das setzt natürlich die entsprechenden technischen Gegebenheiten voraus. Sind diese vorhanden, so kann eine Historie des Nutzers erstellt werden. In dieser sind alle angesehenen Sendungen mit Namen oder einer Bezugsnummer zur Sendung und Zusatzinformationen abgespeichert. Eine Prozentzahl, wie viel von der Sendung gesehen wurde und die Tageszeit, zu welcher die Sendung angeschaut wurde, können Zusatzinformationen sein. Mit komplexen Prozeduren kann diese Historie des Nutzers dann ausgewertet werden um Daten für eine künftige Empfehlung zu generieren.

4.2.3 Tageszeitabhängiges Konsumentenverhalten

Der Mensch ist ein Gewohnheitstier. Die Mehrheit der Fernsehnutzer schaut täglich zur selben Zeit fern (82,3 Prozent).[113] Freizeitaktivitäten und TV-Konsum werden durch strukturierte Tagesabläufe beschränkt. Ein pünktlicher Sendebeginn ist vielen Nutzern wichtig. Sie orientieren sich an den Ausstrahlungsschemata der TV-Anstalten und planen ihre Freizeit nach Sendeterminen.

„Fernsehen folgt offensichtlich den gewöhnlichen Regeln sozialen Handelns: Man begibt sich immer wieder in die gleichen Kontexte, wiederholt die Handlungen, die in der Vergangenheit erfolgreich waren und von anderen geteilt werden."[114]

Durch die Abhängigkeit der Nutzer von Sendeterminen hat sich diese Art von Fernsehkonsum gefestigt. In Zukunft wird es keine Rolle mehr spielen, ob man die Lieblingssendung 5 Minuten zu spät anschaltet. Die Option, diese Sendung trotzdem von Beginn anzuschauen, indem die Me-

---

[113] Vgl. Heß, Hauptmeier, Becker (2006): TV2010 - Mission Complete? S. 25.
[114] Heß et al. (2006): TV2010 - Mission Complete? S. 25-26.

diendaten On-Demand abgerufen werden, wird das Konsumentenverhalten in diesem Punkt in Zukunft ändern.

Eine weitere Überlegung ist, zu welcher Tageszeit welche Art von Sendung konsumiert wird. So besteht der Bedarf an Nachrichtensendungen am Morgen, um sich auf den aktuellen Informationsstand zu bringen, in der Mittagspause und zu Beginn des Abendprogramms, um zu erfahren was tagsüber passiert ist.[115] In den Tageszeiten 06.00 Uhr bis 24.00 Uhr ausgedrückt ergibt sich folgende Grafik:

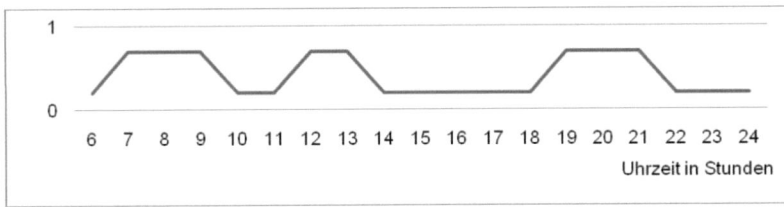

Abbildung 4: Fernsehnutzung im Bereich Nachrichtensendungen im Tagesverlauf von 6:00 bis 24:00 Uhr

Dabei ist in der Abbildung 4 und in den folgenden Abbildungen 5 und 6 der Wert 0 eher als unwahrscheinlich und der Wert 1 als eher wahrscheinlich zu sehen.

Am Vormittag ist auch ein erhöhter Konsum von Werbung zu beobachten.[116] Das Fernsehprogramm ist hier eher als Nebenbei-Medium zu sehen. Der Nachmittag gehört eher den Unterhaltungssendungen. Vor allem der Sendeinhalt der Talkshows wird hier oft konsumiert.

---

[115] Vgl. Gerhards, Klingler (2007): Programmangebote und Spartennutzung im Fernsehen. S. 613.

[116] Vgl. Gerhards et al. (2007): Programmangebote und Spartennutzung im Fernsehen. S. 615 Abb.3.

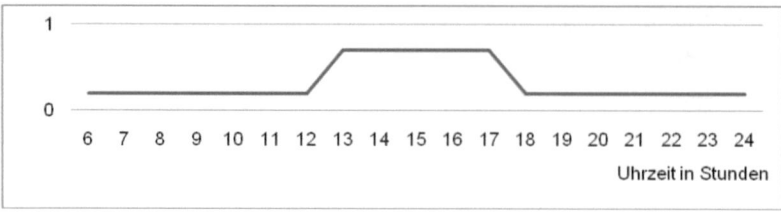

Abbildung 5: Fernsehnutzung im Bereich Unterhaltungssendungen im Tagesverlauf von 6:00 bis 24:00 Uhr

Im Bereich der fiktionalen Sendungen ist ein Konsum erst am Abend zu beobachten. So steigt der Anteil von Serien und Spielfilmen ab 18.00 Uhr an und erreicht um 22.00 Uhr sein durchschnittliches Maximum.

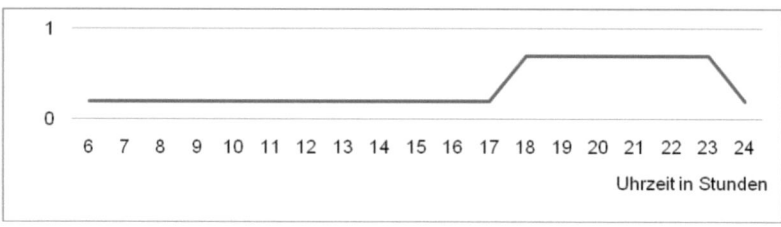

Abbildung 6: Fernsehnutzung im Bereich fiktionaler Serien und Spielfilme im Tagesverlauf von 6:00 bis 24:00 Uhr

So kann für die unterschiedlichsten Sendeformen tageszeitabhängiges Konsumentenverhalten beobachtet werden. Die Sender haben ihr Programm an den Tagesrhythmus ihrer Zielgruppen angepasst.

4.3 Metadatenmanagement

Unter dem Begriff Metadatenmanagement versteht man alle Operationen zum Speichern, Organisieren, Ausgeben und Auswerten von Metadaten. Ein gutes Management der Metadaten sorgt dafür, dass einzelne Anwendungen miteinander arbeiten, keine Daten in doppelter und dreifacher Ausführung gespeichert sind und unterschiedliche Formate und Begrifflichkeiten ausgeschlossen werden. Es wird sichergestellt, dass die Daten integrierbar und in anderen Zusammenhängen verwendbar sind. Das wird damit erreicht, dass Daten in gewisser Weise neutral gehalten werden.

4.3.1 Erstellung des Nutzerprofils

Zu Beginn, beim erstmaligen Benutzen eines personalisierbaren Systems durch den Nutzer, sind nur statische und keine dynamischen Daten verfügbar. Aus diesen wenigen Daten wird ein Profil über den Nutzer angelegt. Die Qualität des ersten Profils hängt von der Menge statischer Daten ab.

Profil für die erste Empfehlung

Zentrales Element ist der Einsatz von Regeln. Tritt eine Regel ein, zum Beispiel über ein bestimmtes Merkmal, dann führt das zu Aktionen. Für ältere Nutzer können so beispielsweise anhand des Merkmales Alter andere Informationen oder Sendungen angeboten werden, als für jüngere Nutzer.

Die einfachste Regel hat die Form:

wenn (Bedingung == wahr) dann Aktion

Die Bedingungen bestehen vorerst aus Abfragen von Attributen der statischen Daten, zum Beispiel: Alter, Geschlecht oder Wohnort.

Mehrere Bedingungen werden nach den Regeln der Booleschen Algebra zusammengesetzt und schaffen die Möglichkeit sehr detaillierte Abfragen zu generieren:

wenn (Bedingung1 == wahr und Bedingung2 == wahr) dann Aktion

So können noch komplexere Bedingungen zusammengesetzt werden. Sind nicht genügend statische Daten vorhanden, so kann zusätzlich auf externe demographische Daten zurückgegriffen werden. Beispielsweise können zu Angaben über den Wohnort Daten über das verfügbare Einkommen einer Region hinzugezogen werden.[117]

Treten die in der Bedingung einer Regel definierten Zustände ein, dann erfolgt eine Aktion. Die Aktion führt zu einem Eintrag in das Profil des Nutzers. Zusätzlich können Variablen hinzugefügt werden, die Wertigkeiten für ein Schlüsselwort definieren. Ein Nutzer mit dem Beruf KFZ-Mechaniker kann also eine hohe Wertigkeit für Automagazine haben.

wenn (Beruf == KFZ-Mechaniker) dann Wertigkeit (Auto) = 90%

---

[117] Vgl. Mena (2000): Data Mining und E-Commerce. Kapitel 7.

Anhand der Berufsgruppe könnten Nutzern unterschiedliche Ressourcen angeboten werden. Handwerkern beispielsweise Ratgeber-Sendungen und Köchen eher Kochsendungen und Serviertipps.

Am Anfang stehen diese einfachen Zusammenhänge. Für das Erstellen des ersten Profils eines Nutzers sind jedoch noch mehr Zusammenhänge notwendig. Die Regeln werden dementsprechend umfangreicher.

Einfluss vorhandener Sehgewohnheiten auf das Nutzerprofil

Vorhandene Sehgewohnheiten können allgemeingültig sein oder sich aus der persönlichen Nutzer-Historie zusammensetzten. Je länger ein Nutzer ein personalisiertes System nutzt, desto mehr kann von den statischen Daten Abstand genommen werden. Diese spiegeln sich mehr oder weniger in den dynamischen Daten wieder. Es kann sich ja herausgestellt haben, dass frühere Empfehlungen, die Aufgrund der statischen Daten gegeben wurden, nicht genutzt wurden. So kann die Auswertung der Einträge in der Historie eines Nutzers ergeben, dass Automagazine jeglicher Art immer nur kurz gesehen wurden, zum Beispiel unter 20 Prozent Sehdauer. Obwohl der Nutzer von Beruf KFZ-Mechaniker ist, spiegeln die gesammelten Daten wieder, dass die unter der Verwendung der statischen Daten aufgestellte Regel:

wenn (Beruf == KFZ-Mechaniker) dann Wertigkeit (Auto) = 90%

nicht mehr zutreffend ist. In seinem Nutzerprofil muss die Wertigkeit für Automagazine nach unten korrigiert werden. Die Historie eines jeden Nutzers spielt bei der Profilbildung eine wichtige Rolle. Sendungen, die immer wieder gesehen werden steigen in ihrer Wertigkeit.

4.3.2 Empfehlungssysteme

Content basierendes Filtern

Content-based-Filtering-Systeme vergleichen die im Nutzerprofil modellierten Präferenzen mit den Eigenschaften und Inhalten von Objekten und empfehlen diese dem Nutzer bei gefundenen Übereinstimmungen. Einfache Nutzerprofile bestehen aus gewichteten Schlüsselwörtern. Durch das Hinzufügen relevanter Schlüsselwörter wird das Nutzerprofil kontinuierlich verfeinert. So kann ein Film mit dem Hauptdarsteller Leslie Nielsen, den der Nutzer wiederholt angeschaut hat, eine hohe Gewichtung für andere Filme mit Leslie Nielsen, aber auch ein hohes Interesse an dem Film-Genre „Komödie" bedeuten.

Die Stärke des Content basierenden Filterns liegt darin, dass auch neue Objekte, die noch kein Nutzer gesehen hat, durch die zugehörigen Metadaten einem Nutzer empfohlen werden können. Das setzte jedoch die Zuweisung von Metadaten, die eine genaue Beschreibung der Objekte liefert, voraus.

Kollaboratives Filtern

Die Annahme beim kollaborativen Filtern ist, dass Nutzer mit ähnlichen Vorlieben und Interessen auch denselben Geschmack haben. Kernelement ist die Betrachtung der Ähnlichkeiten zwischen Nutzern und deren Empfehlungen. Nicht der Computer bewertet Objekte, sondern die Empfindungen anderer Nutzer werden berücksichtigt. Menschen haben weniger Probleme mit der semantischen Beurteilung von Informationen als Computer. Es ist zwar durch geeignete Software möglich, bestimmte Metadaten zu vergleichen, aber es wird beispielsweise problematisch sein, algorithmisch diejenigen Beiträge zu selektieren, welche, gemessen an journalistischen Qualitätsstandards, als besonders hochwertig anzusehen sind.

Nun kann nicht vom Nutzer verlangt werden, jeden Beitrag den er sieht durch ein Bewertungssystem zu bewerten. Hat er jedoch den Beitrag zu hundert Prozent angeschaut, kann das auch als positive Bewertung angenommen und für den Vergleich mit anderen Nutzern verarbeitet werden. So können Schnittmengen von Nutzern gebildet werden, die im Kern gleiche Beiträge gesehen haben.

Kollaboratives Filtern kann nur dann seine Stärke zeigen, wenn es für den empfehlungsbedürftigen Nutzer eine Menge von Empfehlern mit ähnlichen Präferenzen gibt. „Exotischen" Nutzern kann eventuell keine spezifische Empfehlung gegeben werden. Besonders dann nicht, wenn die Gesamtzahl der Nutzer sehr gering ist.[118] Systeme, die nach dem kollaborativen Filtern arbeiten, lernen die Interessen der Nutzer kontinuierlich besser kennen. Veränderungen in den Nutzerinteressen werden jedoch nur

---

[118] Vgl. Balabanovic, Shoham (1997): Fab: content-based, collaborative recommendation. S. 68-69.

sehr langsam nachvollzogen. Insbesondere abrupte oder temporäre Veränderungen der Interessen sind als problematisch anzusehen.[119]

Kombination beider Systeme

Hybride Systeme versuchen die Vorteile von beiden Filtertechniken zu nutzen. Content basierendes Filtern kommt vorzugsweise dann zum Einsatz, wenn für ein neues Objekt noch keine Bewertungen vorliegen. Das „Kalt-Start-Problem" wird somit abgeschwächt. Sind genügend Schnittmengen von Nutzern verfügbar, ist ein kollaboratives Filtern sinnvoll.

4.3.3 Herausfiltern von Störgrößen

Viele der Fernsehnutzer in Deutschland führen neben dem Fernsehkonsum andere Tätigkeiten aus. Die Aufmerksamkeit gegenüber dem TV-Inhalt wird dadurch gemindert. Etwa 52 Minuten am Tag läuft der Fernseher nebenbei.[120] Hausarbeit, Telefonate, Unterhaltungen und vor allem Essen sind die Hauptbeschäftigungen neben dem Fernsehkonsum. Doch nicht alle diese Tätigkeiten lenken gleichzeitig vom Inhalt einer Sendung ab. Eine Möglichkeit zu überprüfen, welche Sendungen nebenbei angeschaut wurden, liegt darin, vergleichbare Inhalte auszuwerten. Lief eine Sendung nur nebenbei, aber eine ähnliche Sendung wurde gleich weggeschaltet sollte ein Mittelwert der Nutzung beider Sendungen gebildet werden. Dabei spielt der Zeitpunkt, zu dem umgeschaltet wurde eine wichtige Rolle. Bei Beginn einer Fernsehnutzungszeit und nach Rezeption einer Sendung findet ein Umschalten und Durchsuchen nach anderen Sendungsinhalten vermehrt statt.[121]

Störgrößen können nicht immer erkannt werden. Unter Zuhilfenahme vieler externer Untersuchungen zum Nutzungsverhalten beim Fernsehkonsum können einige dieser Störgrößen jedoch abgemildert werden.

4.4 Datenschutz

Viele Nutzer geben ihre persönlichen Daten nicht gern weiter. Die Ursache dafür ist, dass sie einen Missbrauch derer vermuten. Zu oft werden

---

[119] Vgl. Hook, Benyon, Munro (2003): Designing information spaces. S. 43-82.
[120] Vgl. Kuhlmann, Wolling (2004): Fernsehen als Nebenbeimedium.
[121] Vgl. Walker, Bellamy, Traudt (1993): Gratifications derived from remote control devices. S. 65-66.

Name, Anschrift, E-Mailadresse oder Telefonnummer für Werbezwecke weitergegeben. Wird nun auch noch ein Profil der Sehgewohnheiten des Nutzers erstellt, so können die Bedenken nur all zu gut nachvollzogen werden. Für die Werbeindustrie ist solch ein Nutzerprofil sehr viel wert. Es können Kaufgewohnheiten, Hobbys oder sportliche Aktivitäten des Nutzers analysiert werden. Ohne die Einwilligung des Nutzers verstoßen diese Art der Datenerhebung und Weitergabe massiv gegen den Datenschutz.

Doch diese Bedenken können mit einer Reihe von Maßnahmen aus dem Weg geräumt werden. Generell ist es sinnvoll, den Nutzer über die Arbeitsweise und die Notwendigkeit der Datenerfassung aufzuklären. Wenn der Anwender weiß, was mit seinen Daten passiert, vertraut er der Speicherung dieser eher, als wenn er über die Vorgänge im Dunkeln gelassen wird.

4.4.1 Datenschutzrelevante Bestimmungen

Personenbezogene Daten sind Angaben über persönliche sachliche Verhältnisse einer bestimmten oder bestimmbaren natürlichen Person. Meist liefern sie Aussagen zum Verhalten oder Eigenschaften der Person. Dazu gehören Name, Anschrift, Telefonnummer, E-Mailadresse, Bankverbindungen, aber auch Angaben zu persönlichen Interessen. Um Missbrauch der Daten zu verhindern, gewährleistet das Bundesdatenschutzgesetz (BDSG) das Recht der Bürgerinnen und Bürger, grundsätzlich selbst über die Verwendung ihrer personenbezogenen Daten zu bestimmen. Nach Paragraph 1 des BDSG hat es den Zweck, „den Einzelnen davor zu schützen, dass er durch den Umgang mit seinen personenbezogenen Daten in seinem Persönlichkeitsrecht beeinträchtigt wird"[122]. Neben allgemeinen Bestimmungen regelt das Gesetz die Verarbeitung von personenbezogenen Daten.

4.4.2 Lösungen zur transparenten Datenspeicherung

Um die Personalisierung so umfassend wie möglich zu realisieren ist es nötig, sowohl statische als auch dynamische Daten über den Nutzer zu speichern und auszuwerten. Jedoch kann der Ort der Datenspeicherung Global, beim Sender, oder beim Endnutzer, auf der Set-Top-Box, erfol-

---

[122] http://www.gesetze-im-internet.de/bdsg_1990/__1.html (abgerufen am 16.05.2008).

gen. Vorstellbar wäre auch eine Trennung von statischen und dynamischen Metadaten oder die Überwachung aller Vorgänge durch ein zertifiziertes Drittunternehmen.

Speicherung der Metadaten Global

Alle für eine personalisierte Empfehlung notwendigen Schritte werden auf dem Metadaten-Server ausgeführt. Darunter auch das Speichern der personenbezogenen Daten. Eine Auswertung der Interessen und Vorlieben der Nutzer anhand der statischen Daten und Sehgewohnheiten ist für alle zentral möglich. So können auch Nutzer mit wenigen statischen und dynamischen Daten anhand von Vergleichen mit anderen Nutzern oder durch die Einteilung mehrerer Nutzer in Gruppen eine personenbezogene Empfehlung erhalten. Eine Anmeldung an verschiedenen Set-Top-Boxen, zum Beispiel auf Reisen, ist möglich. Das Nutzerprofil steht somit überall zur Verfügung. Weiter ist die Aufbereitung von Sehgewohnheiten für die Sender ein interessantes Geschäftsfeld.

Speicherung der Metadaten beim Nutzer

Dieses Verfahren arbeitet alle relevanten Schritte zur Profilerstellung auf dem Endgerät ab. Die vollständigen Routinen müssen in der Betriebssoftware der Set-Top-Box implementiert sein. Verfahren, wie das kollaborative Filtern, die auf den Vergleich von Präferenzen verschiedener Nutzer ausgelegt sind, können dann nicht angewendet werden, da nur die individuellen Daten lokal bekannt sind. Der Nutzer ist an seine Set-Top-Box gebunden und kann nicht einfach seine Personalisierung auf einer anderen Box abrufen. Dafür müsste eine standardisierte Schnittstelle auf beiden Systemen verfügbar sein, die es erlaubt, das Nutzerprofil mit zu nehmen. Das könnte eine USB[123]-Schnittstelle sein. Das Nutzerprofil würde dann auf einem USB-Stick transportabel zur Verfügung stehen.

---

[123] USB: Universal Serial Bus, universelle Schnittstelle.

5. Benutzerschnittstellen

Zu Beginn dieses Kapitels werden kurz die Benutzerschnittstellen zur Metadatenintegration aufgezeigt. Ausführlicher wird im Weiteren auf das Interface beim Nutzer eingegangen. Die Schwierigkeit an dieser Benutzerschnittstelle ist es, die Möglichkeiten von IPTV über den Zugang der TV-Fernbedienung einfach erschließbar zu machen. Zwar ist es technisch kein Problem, eine Tastatur und eine computerübliche Maus in eine Set-Top-Box zu integrieren, um damit Eingaben vorzunehmen oder Auswahlen zu treffen, allerdings wird dies vom Großteil der Fernsehnutzer nicht akzeptiert. Ein weiteres Problem stellt die Auflösung der noch größtenteils verwendeten Anzeigegeräte dar. High-Definition Fernseher haben sich erst in den letzten Jahren zunehmend durchgesetzt. Größtenteils sind noch Fernseher im Umlauf, die mit 720x576 Pixel die Standard PAL-Auflösung unterstützen. Texte, Eingabefelder und Vorschaubilder müssen also so gestaltet werden, dass sie auch auf diesen Geräten lesbar sind.

5.1 Übersicht

Immer dann, wenn Metainformationen zur digitalen Speicherung eingegeben werden, sind Benutzerschnittstellen nötig.

Nachfolgende Abbildung 7 zeigt auf, an welcher Stelle ein User Interface[124] (UI) benötigt wird. In den Bereichen Produktion, Archivierung und Nutzung beim Endkunden werden unterschiedliche Anforderungen an die Benutzerschnittstellen gestellt. Bei den ersten Beiden ist davon auszugehen, dass geschultes Fachpersonal die User Interfaces nutzt. Zum Einsatz kommen meist Content-Management-Systeme. Diese Inhaltsverwaltungssysteme erlauben es auch ohne Programmierkenntnisse Daten zu erfassen, zu bearbeiten und dar zustellen.

---

[124] User Interface: englisch für Benutzerschnittstelle.

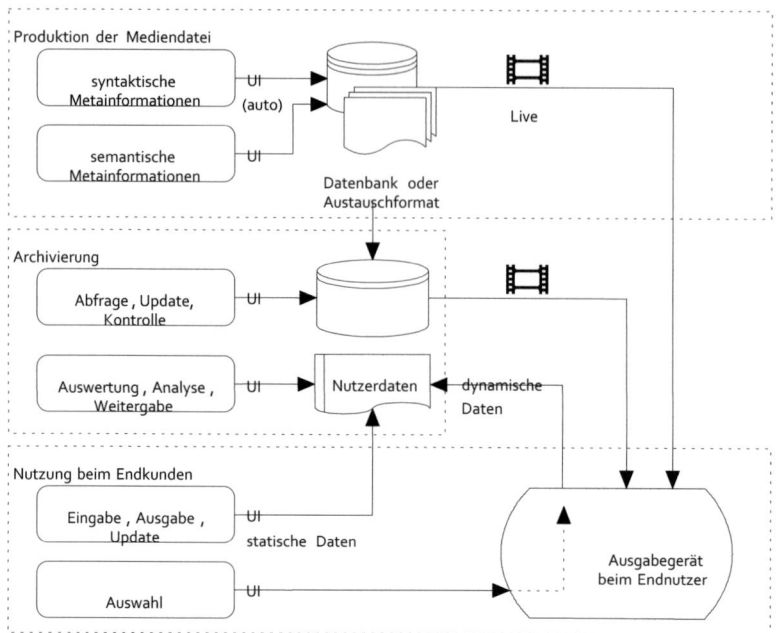

Abbildung 7: Übersicht der Benutzerschnittstellen

5.2 Aufbau des Nutzer-Interface

In den letzten Jahren hat sich eine mehr oder weniger gute Benutzerfreundlichkeit bei Endgeräten etabliert. So halten sich die meisten Hersteller von TV-Geräten und Set-Top-Boxen an eine einfache Navigation und übersichtliche Darstellung der Menüführung. Gerade wenn es um die Navigation im Menü, um die Darstellung von Sendernamen, den Titel der laufenden Sendung oder das Anzeigen von EPG Daten geht, werden gewisse Konventionen eingehalten.

5.2.1 Usability

Für die Nutzung von interaktiven Medien wurden Grundsätze zur einfachen Benutzung in der neuen DIN EN ISO 9241-110 „Grundsätze der Dialoggestaltung", festgelegt. Der Begriff der „Benutzungsschnittstelle" ist nun endlich klar und international definiert. Er beschreibt, „alle Bestandteile eines interaktiven Systems (Software oder Hardware), die Informationen und Steuerelemente zur Verfügung stellen, die für den Benutzer notwendig sind, um eine bestimmte Arbeitsaufgabe mit dem interaktiven

System zu erledigen."[125] Nach der DIN EN ISO 9241-110 gelten folgende Grundsätze:

• Aufgabenangemessenheit	Der Nutzer soll dabei unterstützt werden, seine Arbeitsaufgabe effektiv und effizient zu erledigen.
• Selbstbeschreibungsfähigkeit	Welche Möglichkeiten der Steuerung bestehen, soll unmittelbar ersichtlich sein.
• Steuerbarkeit	Der Dialogablauf soll gestartet, sowie seine Richtung und Geschwindigkeit beeinflusst werden können.
• Erwartungskonformität	Die Kenntnisse und Erfahrungen des Nutzers sowie die allgemein anerkannten Konventionen sollen berücksichtigt werden.
• Fehlertoleranz	Ein Ergebnis ist trotz erkennbarer Fehl-eingaben mit keinem oder minimalem Korrekturaufwand seitens des Nutzers zu erreichen.
• Individualisierbarkeit	Der Nutzer kann eine Anpassung an die Erfordernisse der Arbeitsaufgabe sowie an die individuellen Fähigkeiten und Vorlieben vornehmen.
• Lernförderlichkeit	Die Unterstützung und Anleitung des Nutzers beim Erlernen des Systems.

Neben den Inhalten ist eine gute Usability wichtig, damit der Nutzer mit dem Gebrauch der interaktiven Anwendung im Allgemeinen zufrieden ist und das Angebot erneut nutzt. Die Bedienung sollte schnell und einfach zu verstehen sein. Die Navigation, um zum gewünschten Inhalt zu gelangen, ist so gering wie möglich zu halten. Der Einsatz von Metaphern, also

---

[125] DIN EN ISO 9241-110 (2006): Grundsätze der Dialoggestaltung.

Vertrautem aus dem Alltag, ermöglicht die intuitive Bedienung einer Anwendung.

5.2.2 Eingabegeräte

Eine wichtige Frage ist, wie am besten auf dem Fernsehschirm navigiert wird. Dem Standardmodell von Tastatur und Maus gibt es momentan nichts vergleichbar Funktionales entgegenzusetzen. Auf der Standard TV-Fernbedienung stehen die Pfeiltasten, die vier Farbtasten und die Nummerntasten zur Navigation zur Verfügung. Für die Eingabe von Zeichen gibt es die Möglichkeit, eine virtuelle Tastatur zu verwenden und die Nummerntasten mehrfach zu belegen. Wie beim Schreiben einer SMS auf dem Handy können dann Eingaben, zum Beispiel in Suchfelder, gemacht werden. Die Navigation im Menü kann über die Pfeiltasten der Fernbedienung oder unter Verwendung eines Touchpads[126], eines Trackballs[127] oder eines Trackpoints[128] vorgenommen werden. Fernbedienungen mit eingebautem Touchpad werden zum Beispiel von der Firma voco media[129] eingesetzt. Mit ihr ist es möglich, per Fingerabdruck-Erkennung den jeweiligen Nutzer zu erkennen und so personalisierte Inhalte und individuelle Benutzeroberflächen anzubieten.

5.2.3 Orientierung an bestehenden Systemen

Es gibt vielfältige Ansätze, um eine Navigation mit der TV-Fernbedienung am Fernsehbildschirm vorzunehmen. Gerade durch den Umstand, viele TV-Sender übersichtlich darstellen zu müssen und dann auch auswählbar zu machen, wurde die Aufteilung der TV-Sender in so genannten Bouquets vorgenommen. Es ist eine sinnvolle Klassifikation von Sendern nach dem jeweiligen Genre, zum Beispiel alle Musiksender, oder nach der Senderzugehörigkeit, zum Beispiel alle Regionalsender, machbar. Wird die Senderübersicht aufgerufen, werden die Sender im Bouquet transparent auf das laufende Programm dargestellt. Mit den Pfeiltasten links – rechts auf der TV-Fernbedienung können die Bouquets ausgesucht und die darin

---

[126] Touchpad: Tastfeld, berührungsempfindliche Fläche, die als Maus-Ersatz genutzt wird.
[127] Trackball: Rollkugel, ist ein Eingabegerät, durch Bewegen einer Kugel kann eine Steuerung vorgenommen werden.
[128] Trackpoint: Ist eine Art Stift, der sich bewegen lässt. Die Funktion ist ähnlich eines Joysticks.
[129] Vgl. http://vexo.ruwido.com (abgerufen am 28.04.2008).

enthaltenen Sender mit hoch – runter ausgewählt werden. Zusätzlich können noch der Titel der laufenden und nachfolgenden Sendung und die Anfangszeiten dieser angezeigt werden.

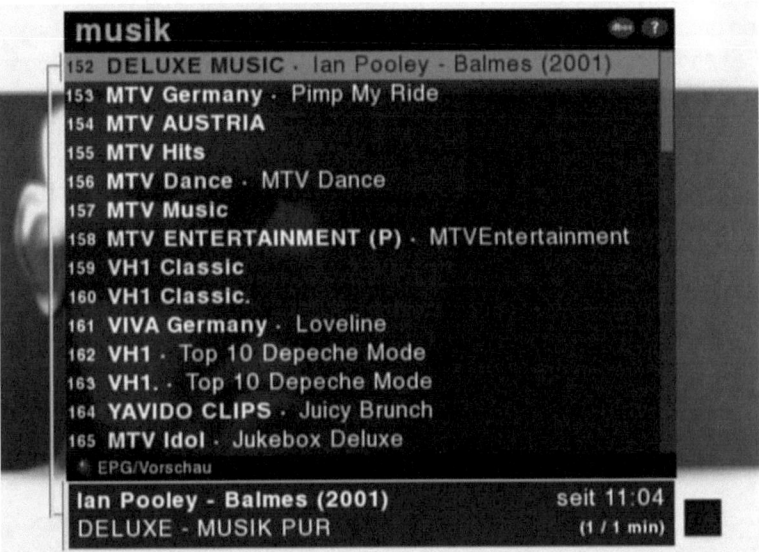

Abbildung 8: Menüführung einer Set-Top-Box (Quelle: dBox2, Neutrino, 09.05.2008)

In der Abbildung 7 ist das Programmauswahl-Menü der dBox2 mit dem Betriebssystem Linux und einer Software mit dem Namen „Neutrino" dargestellt. Sie besitzt eine sehr intuitive und übersichtliche Darstellung. Die Sender können in frei wählbaren oder vorgegebenen Bouquets verwaltet werden. Die Senderauswahl ist über die Pfeil oder Nummerntasten möglich. Zusätzliche Optionen, wie die Tonwahl oder das Aufrufen von EPG Daten, erfolgt über die vier Farbtasten der TV-Fernbedienung, welche auch nur nutzbar sind, wenn auch wirklich eine Auswahlmöglichkeit besteht. Die möglichen Interaktionen der Software dieser Set-Top-Box sind, bedingt durch den Übertragungsweg (Satellit oder Kabel), begrenzt. Suchfunktionen oder Programmvorschläge von anderen Nutzern gibt es nicht. Jedoch ist die Software sehr ausgereift, was letztendlich der freien Entwicklung dieser offenen Plattform zu verdanken ist. Eine Adaption der Software auf eine rückkanalfähige Set-Top-Box ist möglich. Doch um den Funktionsumfang der interaktiven Anwendungen zu ermöglichen und in bestehende Menüstrukturen einzubinden, bedarf es größeren Hardware-Ressourcen.

Mehr Interaktivität bietet die von T-Home eingesetzte Set-Top-Box für IPTV. Dank der Rückkanalfähigkeit des Übertragungsweges ist vom Funktionsumfang der eingesetzten Software wesentlich mehr möglich, als bei einer Set-Top-Box für Satelliten- oder Kabelempfang. Neben einer Vorschaufunktion, die das Bild des nächsten Senders schon mit einblendet und einer übersichtlichen Darstellung von EPG Daten, ist sie in der Lage, Mediendaten On-Demand wiederzugeben. Die Filme stehen in Kategorien geordnet zur Auswahl. So gibt es Top-Kategorien, zum Beispiel die Top 10 Filme und nach Film-Genre geordnete Kategorien. Die Online-Programmbibliothek kann über eine Suchfunktion nach Filmtiteln durchsucht werden. Es ist eine direkte Anwahl der gefundenen Titel möglich. Im laufenden on-Demand-Angebot kann mit den Pfeiltasten der TV-Fernbedienung in der Mediendatei vor und zurückgespult werden.

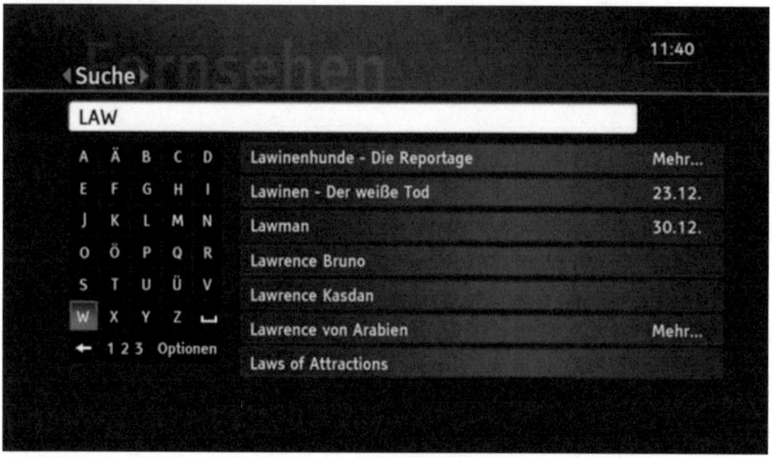

Abbildung 9: Menüführung der von T-Home eingesetzten Set-Top-Box Software (Quelle: t-home, 09.05.2008)

Die EPG-Daten können auch nach Titeln durchsucht werden.[130] Die gefundenen Treffer werden direkt angezeigt und können ausgewählt werden, um sich weitere Informationen zum Titel anzeigen zu lassen, markiert werden, um sie zur Sendezeit nicht zu verpassen, sowie intern aufgezeichnet werden. Die Eingabe der Buchstaben erfolgt über die Pfeiltasten der TV-Fernbedienung und wird übersichtlich dargestellt. Die Funktionsweise ist sehr intuitiv und überschaubar. Jedoch ergeben sich bei

---

[130] Vgl. Abbildung 9.

manchen Eingaben etwas längere Wartezeiten, in denen man dazu neigt, eine wiederholende Eingabe vorzunehmen. Um das für sich richtige Programmangebot zu finden, muss man allerdings selbst die EPG Daten nach den jeweiligen Interessen durchsuchen oder sich in externen Quellen belesen.

Zusammenfassend kann man sagen, dass die TV-Fernbedienung auch bei interaktiven TV-Angeboten zum Einsatz kommt. Bei einer Personalisierung stehen die vier Farbtasten zur Identifizierung des Nutzers zur Verfügung. Die weitere Navigation ist über die Pfeiltasten möglich.

Als dritte Plattform soll an dieser Stelle noch eine Internetanwendung genannt werden, da diese dem Nutzer schon eine Empfehlung anderer Nutzer anbietet. Das ZDF bietet auf seiner Internetplattform ZDFmediathek[131] ein umfangreiches Angebot von Sendungen und Beiträgen an.

Abbildung 10: ZDF Mediathek (Quelle: http://www.zdf.de/ZDFmediathek,08.05.2008)

Die Navigation ist, durch am Computer eingesetzte Tastatur und Maus, einfach und übersichtlich und ermöglicht es, das gesamte Programmangebot zu durchsuchen. Es kann nach allen Sendungen, Themen - es gibt Top-Themen zu allen Bereichen - und Nachrichten - zum Beispiel die aktuellen Nachrichten in 100 Sekunden - gesucht werden. Interessant ist die Option, dass entweder alle, die meist gesehen oder die am besten bewer-

---

[131] Vgl. http://www.zdf.de/ZDFmediathek (abgerufen am 08.05.2008).

teten Sendungen angezeigt werden können. Letzteres ist durch die Empfehlung anderer Nutzer möglich. Es steht eine Suchfunktion zur Verfügung, um verpasste Sendungen in Form eines Kalenders und die Top bewerteten Beiträge auszuwählen. Allerdings ist die Funktionalität für den PC ausgelegt. Die Schrift ist daher sehr klein und für das Eingabegerät TV-Fernbedienung fehlt die Übersichtlichkeit bei der Navigation.

Ein zukünftiges Empfehlungssystem kann sich gut an bereits bestehenden Benutzerschnittstellen orientieren. Für nicht computerversierte Nutzer sollte alles intuitiv über die TV-Fernbedienung steuerbar sein. Dabei sind gerade Eingaben in Suchmasken etwas schwieriger und dauern länger. Die Software der Set-Top-Box von T-Home zeigt jedoch, dass auch dies gut möglich ist. Die derzeitige Verbreitung von TV-Geräten mit Standard-PAL-Auflösung erfordert es, Menüstrukturen und Texte in einer gewissen Größe darzustellen. Internetplattformen, wie die ZDFMediathek, können so nicht eins zu eins auf Standard-TV-Geräten übersichtlich angezeigt werden.

5.3. Einflussnahme des Endnutzers

Neben der bereits bekannten Möglichkeit sein Fernsehprogramm durch Auswählen von Sendern, Durchsuchen von EPG-Daten nach Sendungen oder Abrufen von On-Demand-Mediendaten zu gestalten, gibt es noch weitere Interaktionsmöglichkeiten.

5.3.1 Zusatzdienste

Zusatzdienste, wie beispielsweise Suchfunktionen, ergänzen die TV-Wiedergabe und erweiterten die Funktionalitäten. Für eine Suchmaschine ähnlich wie Google, haben sich in einer Umfrage etwa 77 Prozent der Befragten ausgesprochen. So können die sich vorstellen, eine Mediendaten-Suchmaschine einzusetzen, um ihre bevorzugten Sendungen ausfindig zu machen.[132] Dabei sollte man zwei Arten von Diensten unterscheiden. Suchdienste, die direkt bestehende Videoarchive durchsuchen und Suchdienste, die in Programminformationen suchen und eine Vorabplanung von Sendungen bieten.

---

[132] Vgl. Heß et al. (2006): TV2010 - Mission Complete? S. 50.

Auch Empfehlungsdienste werden tendenziell positiv bewertet. Etwa 65 Prozent der Befragten würden einen Dienst nutzen, der ihnen Filme oder Beiträge empfiehlt.[133] Dies könnte zum Beispiel die Redaktion einer Fernsehzeitung übernehmen.

Zusatzdienste können auch Interaktionen in den laufenden Sendungen sein. So sind Nachrichtensendungen mit Vertiefungsreportagen möglich. Für den Nutzer wird während der Sendung ein Symbol der Fernbedienung eingeblendet oder ein Hinweis wie zum Beispiel „Wenn sie jetzt mehr zu diesem Thema erfahren möchten, drücken sie diese Taste ihrer Fernbedienung". Eine Vertiefungsreportage zu einer bestimmten Nachricht der laufenden Nachrichtensendung kann sofort oder im Anschluss für den Nutzer On-Demand bereitgestellt werden. Erste Ansätze in diese Richtung bietet die Nachrichtensendung „RTL Aktuell". So wird bei bestimmten Nachrichten auf die Internetadresse von RTL verwiesen, damit sich der Zuschauer weiter informieren kann und Meinungen über dieses Thema von anderen Nutzern bekommt. In Newsblogs[134] erfährt der Zuschauer mehr, zum Beispiel über die Lage im Irak, und kann dazu Kommentare abgeben. Beim derzeitigen Stand der Entwicklung, setzt dies jedoch voraus, dass der Zuschauer aktiv wird und über ein weiteres Endgerät diese Nachrichten abruft.

Wenn der Nutzer diesen oder einen vergleichbaren Service in Anspruch nimmt, ist das ein Zeichen für sein verstärktes Interesse zu diesem Thema. Für die Dienstanbieter sind diese Nutzeraktionen deshalb ein messbares Instrument für die Vorlieben eines Nutzers und liefern somit auch auswertbare dynamische Daten.

5.3.2 Aktive Dateneingabe

Damit ein Nutzer auch aktiv seine Interessen und Vorlieben dem Empfehlungssystem mitteilen kann, wird eine Eingabeschnittstelle benötigt. Dies kann ein Menü in der Software der Set-Top-Box sein, die den Nutzer über eine Checkbox zu dessen Hobbys befragt. Mit Hilfe der Pfeiltasten der TV-Fernbedienung können Interessen ausgewählt und angekreuzt werden. Neue Interessengebiete werden in ein Textfeld, ähnlich dem schon beschriebenen Suchfeld, eingetragen. Die Eingaben werden lokal auf der Set-Top-Box gespeichert und nur nach Änderungen und beim Anschalten

---

[133] Vgl. Heß et al. (2006): TV2010 - Mission Complete? S. 51.
[134] Vgl. http://newsblog.rtl.de (abgerufen am 09.05.2008).

der Box an den Metadaten-Server übertragen. Dieser generiert aus diesen Daten eine nutzerspezifische Empfehlung.

Serien, die ein Nutzer auch weiterhin anschauen möchte, können durch eine Merke-Funktion ausgewählt werden. Das kann ganz leicht über eine Taste der Fernbedienung oder durch einen Menüpunkt der Set-Top-Box-Software erfolgen. Verpasste Folgen werden dem Nutzer angezeigt und können On-Demand abgerufen werden. Eine ähnliche Strategie wird mit Set-Top-Boxen mit eingebauter Aufzeichnungshardware verfolgt. Es werden vorgemerkte Sendungen auf einen internen Festplattenspeicher aufgezeichnet. Allerdings steht dort nur ein gewisser Speicherplatz zur Verfügung. Hier muss der Nutzer auch wieder aktiv auswählen, was er schlussendlich anschauen möchte oder den Speicherplatz durch Löschen gesehener oder uninteressanter Sendungen freigeben.

5.3.3 Manuelle Korrektur

Dem Nutzer sollte eine Möglichkeit gegeben werden, sein Profil korrigieren zu können. Dabei werden dem Nutzer die statischen und dynamischen Daten zur Verfügung gestellt. Die Benutzerschnittstelle kann eine Checkbox in dem Set-Top-Box Menü sein, oder ein Web-Interface. Bei Erstem besteht die Schwierigkeit darin, die vielen Informationen übersichtlich und verständlich darzustellen. Eine Beschränkung auf die zuletzt gesammelten Daten ist sinnvoll. So kann der Nutzer Fehldaten, die beispielsweise durch eine eingeschaltete Set-Top-Box, aber keinen aktiven Nutzer, entstanden sind, löschen. Die Bereitstellung eines Web-Interface, in welchem der Nutzer mittels eines Computers und allen damit verbundenen Eingabegeräten alle Daten korrigieren kann, stellt die bessere Alternative dar.

6. Anwendung des personalisierten Fernsehen

6.1 Das bestehende IPTV System

Das an der Hochschule für Technik, Wirtschaft und Kultur bestehende IPTV-System ist von der Firma Teracue. Der Streaming-Server verwendet das Microsoft Server Betriebssystem und auch die Anwendungssoftware ist auf der Produktlinie von Microsoft aufgebaut. So organisiert eine Microsoft Access Datenbank im Hintergrund die Clips auf dem Streaming-Server.

6.1.1 Aufbau der Datenbank

Die Access-Datenbank „icue.mdb" umfasst zur internen Organisation über 30 Tabellen. Die für eine Metadatenintegration wichtige Tabelle ist die Tabelle „clip". Über die „id_clip"[135] kann die vorhandene Mediendatei genau ausgewählt werden. Die Clip-ID ist inkrement, ihr nummerischer Wert wird fortlaufend von der Datenbank vergeben. Jede Clip-ID gibt es nur ein Mal.

---

[135] Vgl. Abbildung 11. Die „id_clip" ist ein Datenfeld der Tabelle „clip". Vgl. auch Kapitel 3.4 Datenbanken. Im Folgenden wird die „id_clip" auch als Clip-ID bezeichnet.

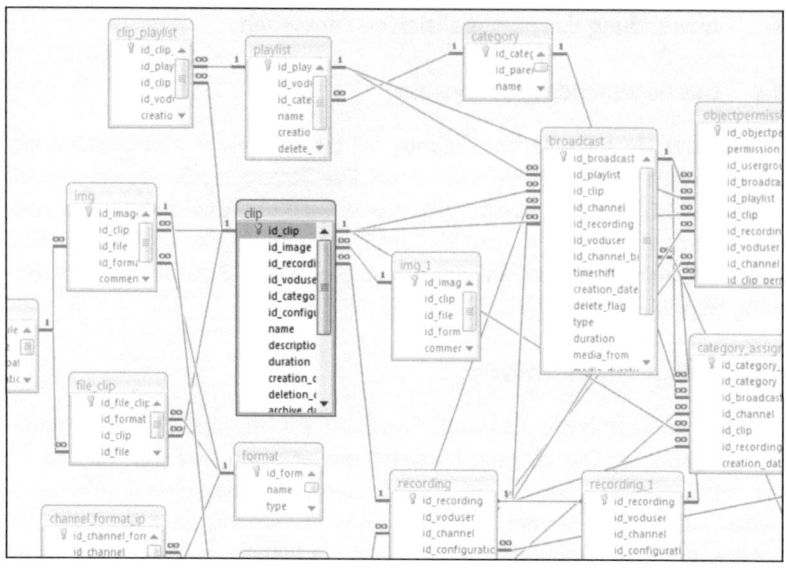

Abbildung 11: Ausschnitt aus der Microsoft Access-Datenbank (icue.mdb) des Teracue IPTV-Systems der HTWK

Obwohl der Begriff „Clip" eine kurze Audio- und Videodatei beschreibt, sollen im Weiteren alle Mediendaten darunter verstanden werden. In der Tabelle „Clip" sind weitere Datenfelder angelegt. Wichtige Datenfelder zur Clip-ID sind:

- „name" Ein Textfeld, in dem der Clip-Name beschrieben wird. Der Clip-Name sollte eindeutig sein, da er auch als Suchkriterium eingesetzt werden kann.
- „description" Die Beschreibung des Clips. Im Umfang sollte die Beschreibung in kurzen, knappen aber ausführlichen Sätzen sein.
- „duration" Die Länge des Clips in Sekunden.
- „creation_date" Das Datum und die Uhrzeit des Einstellzeitpunktes.
- „id_category" Ein Zahlenwert, der mit der Tabelle „category" verknüpft ist und den Zusammenhang zu einer intern vergebenen Kategorie herstellt.

Die Integration weiterer Tabellen und Datenfelder in die Microsoft Access Datenbank ist möglich. Jedoch sollte das bestehende System, deren Aufgabe das Managen der Mediendaten ist, nicht durch weitere Aufgaben beansprucht werden. Eine zweite Microsoft Access Datenbank für die Metadaten wäre vorstellbar. Das verknüpfende Element wäre die Clip-ID der Tabelle „Clip" der Mediendatenbank „icue.mdb". Der Streaming-Server sollte hardwaretechnisch in der Lage sein, sowohl die Mediendaten-Datenbank als auch die Metadaten-Datenbank bei dem im Fachbereich zu erwartenden Datenaufkommen zu managen. Jedoch werden bei großen Datenbanken und vielen gleichzeitig angeforderten Mediendaten Performanceverluste auftreten, die sich in längeren Wartzeiten beim Nutzer äußern würden. Aus diesem Grund ist es empfehlenswert, einen eigenen Metadaten-Server in das Netzwerk zu integrieren. Dieser übernimmt alle Aufgaben um die Metadaten-Datenbank und weitere für ein personalisiertes System notwendige Datenbanken zu managen. Das verknüpfende Element wäre auch wieder die Clip-ID der Tabelle „Clip" der Mediendatenbank „icue.mdb".

Durch die Aufteilung auf zwei Server ergeben sich weitere Vorteile:
- Die Ausfallwahrscheinlichkeit wird minimiert. So kann beim Ausfall des Metadaten-Servers dem Nutzer ein Notprogramm generiert werden. Dieses kann der Streaming-Server allen Nutzern auf der Grundlage eines allgemeinen Profils zur Verfügung stellen. Sollte der Streaming-Server ausfallen, kann der Metadaten-Server dem Nutzer entweder eine Mitteilung anzeigen oder auf einen zweiten redundanten Streaming-Server umschalten.
- Die Bindung an das Microsoft Server Betriebssystem des Metadaten-Servers entfällt. Damit kann auch eine andere Datenbanksoftware zum Beispiel: MySQL als Grundlage für die Metadaten-Datenbank eingesetzt werden.

Im letzteren Fall ist es jedoch nötig, die Kommunikation zwischen den beiden Datenbanksoftware zu ermöglichen.

6.1.2 Die Kommunikation zwischen MySQL und Microsoft Access

Für die Kommunikation zwischen einer MySQL-Datenbank und einer Microsoft Access Datenbank wurde von der Firma Microsoft die ODBC-Schnittstelle[136] geschaffen. Die Spezifikationen dieser Schnittstelle sind

---

[136] Vgl. Kapitel 3.4.2 Verschiedene Datenbanken, Microsoft Access.

von Microsoft offengelegt worden. Treiber gibt es für fast jede Datenbanksoftware. Die ODBC-Schnittstelle hat sich inzwischen zu einem Standard entwickelt.

Der Austausch der Daten, im speziellen Fall die Übergabe der Tabelle „clip" der „icue.mdb", kann entweder durch 1. den Export/Import der Mediendaten-Datenbank in die Metadaten-Datenbank oder 2. beim Aufruf eines Scripts erfolgen.

zu 1.) Es wird der MyODBC-Treiber[137] für Windows-Betriebssysteme auf dem Streaming Server installiert. Unter den ODBC-Optionen in der Systemsteuerung kann nun ein Benutzer- oder System-DSN[138] eingetragen werden. Zusätzlich müssen die Zugangsdaten der Metadaten-Datenbank angegeben werden. Microsoft Access sollte mit den richtigen Erweiterungen, der benötigten ODBC-Unterstützung und dem Linked-Table-Manager komplett auf dem Streaming-Server installiert sein. Dann kann in der geöffneten Access-Datenbank durch Rechtsklick auf eine Tabelle der Export zu einer ODBC-Datenbank ausgewählt werden. Unter System-DSN erscheint nun der zuvor angelegte Benutzer- oder System-DSN und die Verbindung zur Metadaten-Datenbank wird hergestellt. Mögliche Fehlerursachen sind meist das Blockieren der Verbindung durch eine aktivierte Firewall.

zu 2.) Das Script kann eine HTML-Seite mit eingebetteter PHP-Skriptsprache oder ASP/ASP.NET-Skriptsprache sein. Beim Aufruf wird eine ODBC-Verbindung zum Streaming-Server aufgebaut und die Daten aus der Mediendaten-Datenbank werden abgefragt. Nach der Übergabe der abgerufenen Daten in Variablen wird die Verbindung geschlossen. Jetzt wird die zweite Verbindung zur Metadaten-Datenbank aufgebaut und die Daten der Variablen werden mittels eingebetteter SQL-Syntax in die MySQL Datenbank gespeichert. Nach Prüfung der gespeicherten Daten kann auch diese Verbindung geschlossen werden. Die für die Verbindungen nötigen Informationen, ODBC-Treiberdetails, Zugangsdaten und Zugangspfade, sind aus Sicherheitsgründen im Skript als Konstanten definiert und in einer Datei ausgelagert.

---

[137] Vgl. http://dev.mysql.com/downloads/connector (abgerufen am 12.05.2008).

[138] DSN: Data Source Name, ist eine Datenstruktur ähnlich einer URL oder einem Dateipfad.

Die Variante 2 ist aus nachfolgender Sicht zu favorisieren: Eine MySQL Datenbank ist auf fast allen Betriebssystemen lauffähig. Sie bietet hohe Performance und gute Abfragemöglichkeiten, zum Beispiel mit einem PHP-Skript. Diese Kombination bildet einen großen Funktionsumfang, mit dem viele Routinen zur Speicherung, Bearbeitung, Abfrage und Auswertung von Metadaten implementiert werden können. Dabei muss jedoch sichergestellt werden, dass ein Abgleich der Datenbestände in vordefinierten Abständen durchgeführt wird. Eine Automatisierung prüft, ob Mediendaten auf dem Streaming-Server neu hinzugefügt oder gelöscht wurden.

Bei der Integration der Metadaten in die Metadaten-Datenbank wird eine Eingabeschnittstelle benötigt. Liegen die Metainformationen in einem Austauschformat vor, können sie auch ohne zusätzliche Eingaben übernommen werden.

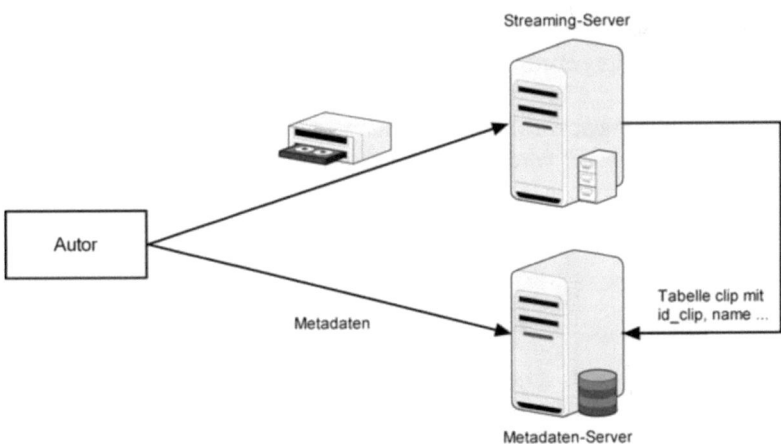

Abbildung 12: Infrastruktur der Metadateneingabe

Wenn der Autor eines Beitrages die Mediendaten auf den Streaming-Server eingespielt oder hochgeladen hat, gibt er die dazugehörigen Metadaten über eine Eingabemaske[139] in die Metadaten-Datenbank ein. An diesem Punkt wird die unter 2. aufgeführte Variante implementiert. Die Mediendaten-Datenbank „icue.mdb" des Streaming-Servers wird ausge-

---

[139] Vgl. Kapitel 6.2.2 Eingabe der Metainformation.

lesen und die neuen Daten der Tabelle „Clip" dem Autor in der Eingabemaske zur Metadaten-Integration zur Verfügung gestellt.

6.2 Die Metadaten-Datenbank

Der Metadaten-Server stellt die benötigte Hardware und Software zum Betrieb der Metadaten-Datenbank zur Verfügung. Der Autor hat sich beim Aufbau des Testsystems für eine MySQL Datenbank entschieden.

6.2.1 Struktur der Datenbank

Die Metadaten-Datenbank besteht aus 7 Tabellen, wobei die Tabelle „Clip" den Hauptbestandteil der Datenbank bildet. In ihr werden die Metadaten in Beziehung zu den Mediendaten der Mediendaten-Datenbank „icue.mdb" gespeichert. Die Tabellen „Programmform", „Thema", „Genre" und „Serialität" klassifizieren die einzelnen Mediendaten näher. Für die Inhaltsbeschreibung der Mediendaten steht die Tabelle „Keyword" zur Verfügung. In ihr werden Schlüsselwörter zum Beschreiben des Inhaltes der Mediendaten gespeichert. Jedes Schlüsselwort wird höchstens einmal in der Tabelle „Keyword" abgelegt. Es kann aber in mehreren Mediendaten der Tabelle „Clip" vorkommen. Weiterhin kann ein Clip mehrere Schlüsselwörter haben. Diese Beziehung zwischen den beiden Tabellen „Clip" und „Keyword" wird durch die Tabelle „Link" gewährleistet.

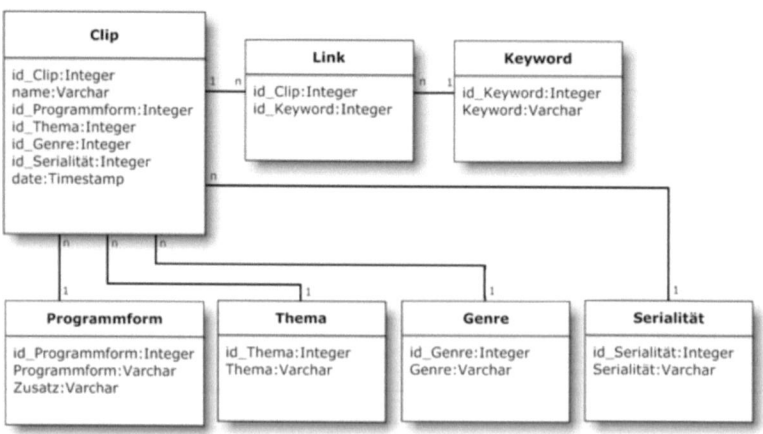

Abbildung 13: Bestandteile der MySQL Metadaten-Datenbank

Tabelle „Clip":

- „id_clip" Ein Zahlenwert, der eindeutig ist und die Verbindung zur Mediendaten-Datenbank „icue.mdb" herstellt.
- „name" Ein Textfeld, in dem der Clip-Name beschrieben wird. Der Clip-Name sollte eindeutig sein, da er auch als Suchkriterium eingesetzt werden kann.
- id_Programmform Ein Zahlenwert, der eindeutig ist und die Verbindung zur Tabelle „Programmform" herstellt.
- id_Thema Ein Zahlenwert, der eindeutig ist und die Verbindung zur Tabelle „Thema" herstellt.
- id_Genre Ein Zahlenwert, der eindeutig ist und die Verbindung zur Tabelle „Genre" herstellt.
- Serialität Ein Zahlenwert, der eindeutig ist und die Verbindung zur Tabelle „Serialität" herstellt.
- date Ein Zahlenwert des Typs „timestamp", der das Format Datum + Urzeit hat.

Die Tabellen „Programmform", „Thema", „Genre" und „Serialität" sind jeweils eins zu eins über die jeweilige „id_" mit den Daten in der Tabelle „Clip" verbunden. Ihre Einträge sind durch zugrunde liegende GfK[140]-Daten für Fernsehnutzung und Programmmerkmale vorgegeben. So kann ein „Clip" durch eine Programmform wie zum Beispiel: Nachrichten oder Magazin näher beschrieben werden. Ferner wird die Programmform durch den Zusatz „Thema" oder „Genre" näher definiert. Nachrichten haben beispielsweise Politik oder Wirtschaft als Thema, aber kein Genre. Dies wird nur bei Spielfilmen und Serien, also Sendungen mit fiktionalem Inhalt, angegeben.

---

[140] GfK: Gesellschaft für Konsumforschung, das größte deutsche Marktforschungsinstitut.

Im Nachfolgenden werden die vorgegebenen Einträge der Tabellen beschrieben. Die Tabellen sind erweiterbar und decken mit ihren Einträgen den Großteil aller produzierten Fernsehformate ab. Die Einträge sind an das Codebuch der GfK angelehnt.[141] Vorgegebene Einträge der Tabelle „Programmform" sind:

id_Programmform	Programmform	Zusatz
1	Nachrichten	Thema
2	Magazin	Thema
3	Reportage	Thema
4	Dokumentation	Thema
5	Live Übertragung	Thema
6	Talkshow	Thema
7	Show/Quiz	Thema
8	Einzelbeitrag	Thema
9	Spielfilm	Genre
10	Serie	Genre
11	Moderation/Programmvorschau	ohne
12	Trailer	ohne
13	Werbeblock	ohne
14	Wetter	ohne
99	sonstige Programmform	ohne

Abbildung 14: Einträge der Tabelle „Programmform" der Metadaten-Datenbank

Die Programmform 1 bis 8 wird näher über den Tabellenzusatz „Thema" und die Programmform 9 und 10 über den Tabellenzusatz „Genre" beschrieben. Der Rest bleibt ohne nähere Beschreibung.

Vorgegebene Einträge der Tabelle „Thema", „Genre und „Serialität" sind:

---

[141] Vgl. Bilandzic (2004): Synchrone Programmauswahl. Reihe Rezeptionsforschung Bd. 2. S. 247-255.

id_Genre	Genre
99	ohne Genre
1	Action
2	Krimi
3	Horror
4	Western
5	SciFi
6	Komödie
7	Drama
8	Liebesfilm
9	Kunst
10	Animation
11	Erotik
12	Aufführung

id_Thema	Thema
1	Politik
2	Wirtschaft
3	Kultur
4	Natur
5	Wissenschaft
6	Sport
7	Musik
99	ohne Thema

id_Serialität	Serialität
1	Aufeinander aufbauende Folgen
2	Serie mit geschlossenem Ende
3	einmalige Sendung

Abbildung 15: Einträge der Tabelle „Genre" (links)

Abbildung 16: Einträge der Tabelle „Thema" (rechts)

Abbildung 17: Einträge der Tabelle „Serialität" (unten rechts)

Über diese Attribute ist es möglich jede Art von Clips grundlegend zu klassifizieren. Der Inhalt wird über die Eingabe von Schlüsselwörtern beschrieben.

6.2.2 Eingabe der Metainformation

Für die Eingabe der beschreibenden Daten steht dem Autor eine Eingabemaske[142] zur Verfügung. In ihr sind die Programmformen, die Themen, die Genres und die Serialität schon vorgegeben und können über eine Checkbox ausgewählt werden. Jeder Clip wird zusätzlich mit einem Zeitstempel versehen. Dieser kann das Produktionsdatum eines Beitrages, oder eine Zeitangabe in der Zukunft enthalten. Gerade für Nachrichten, die erst zu einem bestimmten Zeitpunkt zur Verfügung stehen sollen, ist diese Eingabe unerlässlich.

---

[142] Vgl. Abbildung 18.

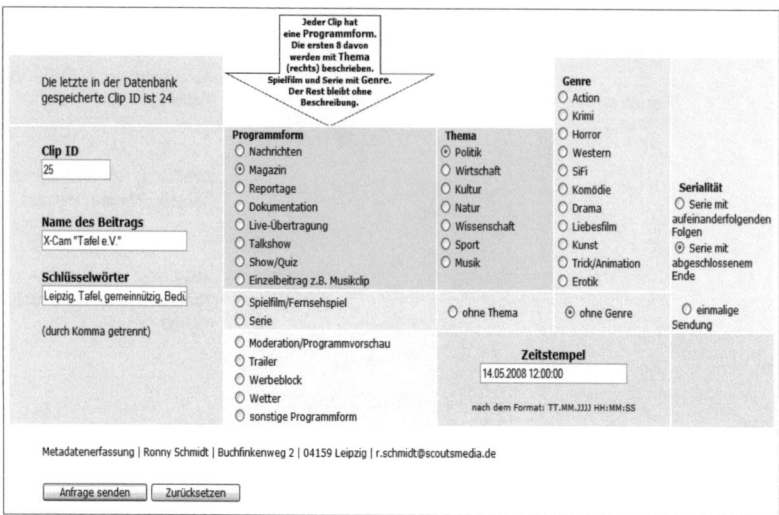

Abbildung 18: Eingabemaske der Metainformationen der Metadaten-Datenbank (angelehnt an http://www.o3mt.de/IPTV/formular.php)

Ein ganz wichtiger Punkt ist die Eingabe von Schlüsselwörtern. Je mehr und je genauer diese der Metadaten-Datenbank hinzugefügt werden, desto besser können sie ausgewertet werden.

Funktionsweise

Das Formular ist in der Skriptsprache PHP geschrieben. Die Formatierung erfolgt über HTML Syntax. Zuerst wird die letzte Clip ID der Metadaten-Datenbank (MySQL) ausgelesen und angezeigt. Analog kann dem Autor im Vorfeld angezeigt werden, welche Mediendaten zuletzt auf den Streaming-Server eingespielt wurden. So kann er seinen Clip ausfindig machen und auswählen (nicht implementiert). Durch Anwählen der Programmform, des Themas oder Genres und der Serialität wird die Klassifikation des Clips vorgenommen. Im Feld Zeitstempel wird das aktuelle Datum vom Metadaten-Server angezeigt. Es kann durch die Eingabe einer Zeitangabe vervollständigt werden. Wenn nicht, wird das Datum normal angegeben, aber für die Zeitangabe werden Nullen in die Datenbank geschrieben. Das Datum und das Zeitformat werden beim Absenden in das richtige „timestamp"-Format der MySQL-Datenbank konvertiert. Für die Eingabe der Schlüsselwörter steht ein extra Eingabefeld zur Verfügung. Die Schlüsselwörter werden durch Komma getrennt eingegeben.

Nach dem Absenden werden die Werte an das „Sende-PHP-Skript" übergeben. In der Datenbank Tabelle „Clip", werden die Einträge wie folgt gespeichert, Beispiel: Clip ID: 25 Name: X-Cam „Tafel e.V." Programmform: 2 Thema: 1 Genre: 99 Serialität: 2 Datum: 20080514120000

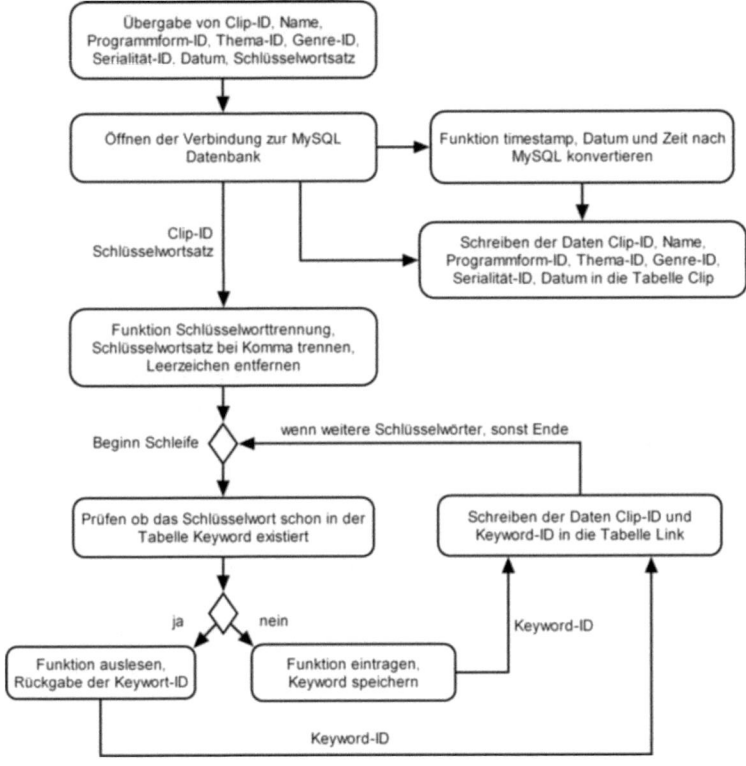

Abbildung 19: Aktivitätsdiagramm beim Eintragen der Metainformation in die Metadaten-Datenbank

Der eingegebene Schlüsselwortsatz wird an den Kommas getrennt und Leerzeichen davor und dahinter werden entfernt. Dann wird einzeln geprüft, ob das Schlüsselwort schon in der Tabelle „Keywords" existiert. Wenn ja, werden die Clip-ID und die schon vorhandene Keyword-ID in der Tabelle „Link" gespeichert. Gibt es das Schlüsselwort noch nicht in der Keyword-Tabelle, wird es hinzugefügt und eine neue Keyword-ID wird vergeben. Die Keyword-ID ist genau wie die Clip-ID inkrement. Beide werden dann in der Tabelle „Link" gespeichert.

Fazit

Die Datenbank erfüllt die Grundvoraussetzung für die Integration von Metainformationen für Mediendaten. Sie kann jederzeit erweitert werden.

Verschiedene Abfragen sind möglich. Es können zum Beispiel alle Clips ausgegeben werden, die das Schlüsselwort „Leipzig" haben oder eine Liste aller Clips die die Programmform „Magazin" besitzen. Eine Kombination beider Abfragen engt die Suche weiter ein. Allerdings sind die Ausgaben nur so gut, wie die Eingaben der Schlüsselwörter durch den Autor. Zu allgemein gehaltene Schlüsselwörter können durch den Abgleich einer vorhandenen Schlüsselworttabelle, der sogenannten „bad-keyword table", herausgefiltert werden.

6.3 Personalisierte Empfehlung

Für die personalisierte Empfehlung müssen sowohl statische als auch dynamische Daten des Nutzers ausgewertet werden. Um Übereinstimmungen in der Metadaten-Datenbank zu finden, stehen primär die Schlüsselwörter, die den Inhalt der Mediendaten beschreiben, im Vordergrund. Untersuchungen ergaben, dass sich fast 75 Prozent der Befragten an der Story, also dem Inhalt, einer Sendung orientieren.[143] Daneben sind noch die Schauspieler, da deren Namen auch Schlüsselwörter sein können, aber weniger das Produktionsjahr für die Auswahl einer Sendung entscheidend. Über die zuvor getroffene Kategorisierung nach Programmform, Thema oder Genre können die Schlüsselwörter in verschiedenen Wertigkeiten vorkommen. So kann ein Nutzer zwar alle Nachrichtensendungen aus Leipzig bevorzugen, doch sobald es um Sport-Berichterstattung geht, interessiert er sich nicht für Leipzig, sondern beispielsweise für München.

6.3.1 Nutzerdaten

Die Nutzerdaten werden in drei Tabellen aufgeteilt. Zum einen die organisatorischen Daten, wie Zugangskodes, Berechtigungen oder Bankverbindungen für die Abrechnung. In der zweiten Tabelle befinden sich alle statischen Daten, zum Beispiel Wohnort, Beruf, Interessen, und in der dritten Tabelle werden die dynamischen Daten, also was wurde gesehen, wie lange und wann, gespeichert. Die Organisation dieser Tabellen übernimmt eine weitere Datenbank auf dem Metadaten-Server.

---

[143] Vgl. Heß et al. (2006): TV2010 - Mission Complete? S. 37.

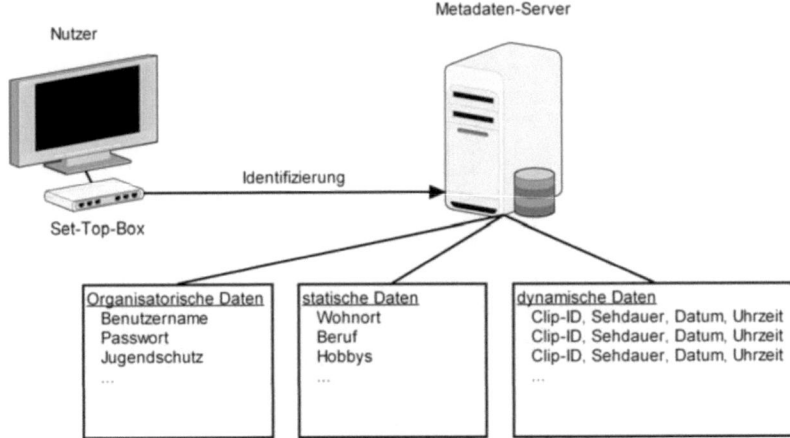

Abbildung 20: Metadaten der Nutzer in die Nutzer-Metadaten-Datenbank

Die Speicherung der dynamischen Daten erfolgt nach Übergabe der Identifizierung der Set-Top-Box, die den Clip anfordert. Das kann die IP-Adresse[144] des Empfängers sein. Da die Set-Top-Box von mehreren Nutzern genutzt werden kann, muss jeder Nutzerwechsel an den Metadaten-Server gemeldet werden. Der Streaming-Server tauscht alle IP-Adressen, an die er Mediendaten sendet und die zugehörigen Clip-IDs mit dem Metadaten-Server aus. Alternativ kann die Software der Set-Top-Box mit protokollieren, was jeder Nutzer angeschaut hat. In regelmäßigen Abständen wird das Protokoll an den Metadaten-Server übermittelt und die dynamischen Daten werden den Nutzern zugeordnet.

6.3.2 Generierung der Nutzer-Interessen

Entscheidendes Kriterium sind Schlüsselwörter, die den Inhalt der Mediendaten beschreiben. Die statischen Daten können zusätzlich mit statischen Fremd-Metadaten vervollständigt werden.

---

[144] IP-Adresse: dient zur eindeutigen Adressierung von Rechnern und anderen Geraten in einem IP-Netzwerk.

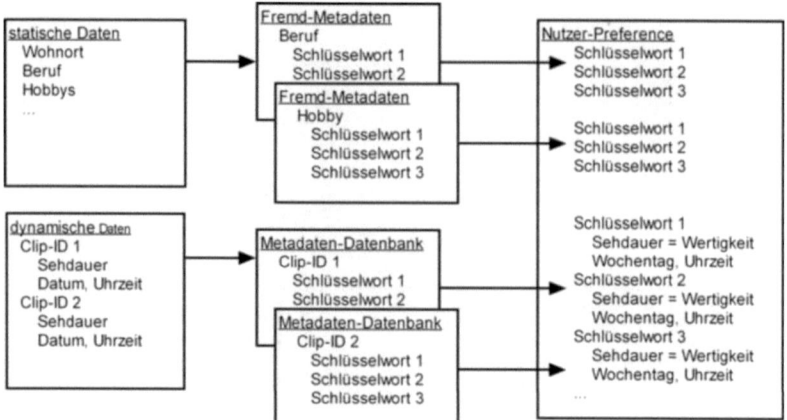

Abbildung 21: Erstellung der Nutzer-Preference

So führen die Einträge der Tabelle „statische Daten", zum Beispiel bei dem Beruf „KFZ-Mechaniker" unter Zuhilfenahme der Fremd-Metadaten zu dem Eintrag der Schlüsselwörter „Auto, KFZ, Mechanik oder Werkstatt" in der Nutzer-Preference. Zusätzlich wird zu jedem Schlüsselwort eine Wertigkeit definiert. Eine Zahl zwischen 0 und 100 gibt die Wichtigkeit des Schlüsselwortes an. Als weiterer Zusatz sollte die Programmform, das Thema oder Genre in Zusammenhang mit dem Schlüsselwort gespeichert werden, damit eine bessere Differenzierbarkeit unter den Schlüsselwörtern möglich ist. Wurden vom Nutzer bereits ein oder mehrere Clips angeschaut, gibt es Einträge in der Tabelle „dynamische Daten". In dieser Nutzer-Historie sind alle, oder nur die letzten Clips und Zusatzinformationen gespeichert. Werden diese unter Zuhilfenahme der Metadaten-Datenbank ausgewertet, können die Schlüsselwörter der angeschauten Clips der Nutzer-Preference hinzugefügt werden. Auch hier ist die Speicherung von Wertigkeiten unter Schlüsselwörtern sinnvoll. Die „Nutzer-Preference"-Tabelle muss nach einem vorgegebenen Zeitintervall oder einer eintretenden Nutzeraktion aktualisiert werden. Das kann beispielsweise ein paar

Sekunden vor dem Ende des gerade laufenden Clips geschehen. So ist genügend Zeit, um Schlüsselwörter des aktuell Angeschauten mit in die Nutzer-Preference aufzunehmen. Diese Einträge müssen zusätzlich noch organisiert werden. So können die Schlüsselwörter nach dem Wochentag und der Uhrzeit geordnet werden, um die Performance für weitere Aktionen, wie die Generierung der Nutzer-Empfehlung, zu erhöhen.

6.3.3 Generierung der Nutzer-Empfehlung

Über die Tabelle „Nutzer-Preference" wird die Empfehlung für den Nutzer generiert.

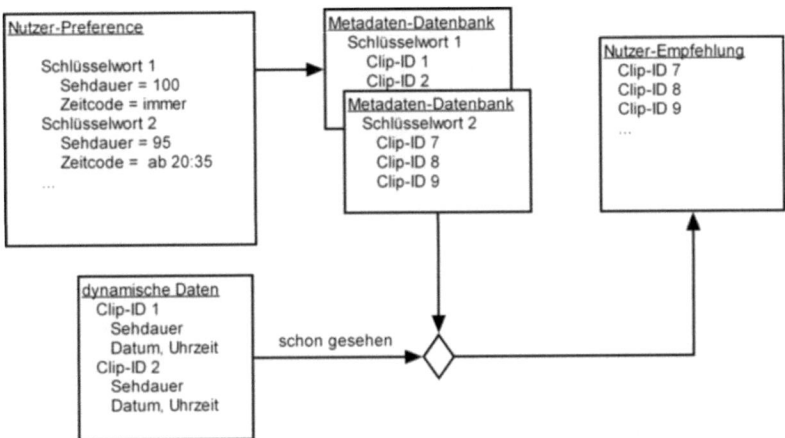

Abbildung 22: Generieren der Nutzer-Empfehlung

Dazu werden alle Clips der Metadaten-Datenbank, die ein relevantes Schlüsselwort haben, herausgesucht. Der Abgleich mit der Nutzer-Historie, der Tabelle der dynamischen Daten, schließt aus, dass schon gesehene Clips aufgelistet werden. Das Endresultat ist die Liste der Clips, die für den Nutzer interessant sein können. Es erfolgt die Ausgabe und Darstellung der Clips auf dem Endgerät. Der Clip mit den meisten Übereinstimmungen kann im Hintergrund gleich beginnen, sofern der Nutzer diesbezügliche Einstellungen vorgenommen hat.

Für eine Empfehlung müssen noch andere Faktoren beachtet werden. So spielt die Tageszeit, wann etwas gesehen wurde, eine wichtige Rolle. Auch die Aktualität ist, gerade bei Nachrichtensendungen, ein entscheidendes Auswahlkriterium. Denn alte Nachrichten sind uninteressant.[145]

---

[145] Vgl. Meyer-Lucht (2005): Nachrichten-Sites im Wettbewerb. S. 120.

7. Fazit

7.1 Zusammenfassung

In der vorliegenden Untersuchung wurden die Möglichkeiten für die Personalisierung von TV-Programmangeboten unter besonderer Berücksichtigung von IPTV untersucht. Anlass dazu gibt die derzeitige Situation auf dem deutschen Fernsehmarkt. Sie ist durch ein Überangebot an Fernsehsendern charakterisiert. Eine aktuelle Studie von Goldmedia beziffert die Anzahl der TV-Sender in Deutschland bis zum Jahr 2010 auf über 1000.[146] Immer mehr Spartensender differenzieren sich zu noch kleineren Gruppierungen. Möglich wird dies durch die zunehmende Verbreitung des Übertragungswegs in IP basierenden Netzwerken. IPTV ermöglicht dem Nutzer den Zugriff auf weitere Medieninhalte. Programmbibliotheken halten Tausende von fiktionalen Sendungen auf Abruf bereit. Zusammen mit einer besseren Bildqualität, erreicht durch zusätzliche Übertragung in HDTV und weitere interaktive Angebote, besteht für den Nutzer hier ein Mehrwert.

Nach dem Ausblick und der damit verbundenen Notwendigkeit, in Zukunft aus einem immer umfangreicheren Angebot an Mediendaten zu wählen, wurden die technischen Grundlagen zur Übertragung von IPTV erklärt. Die Infrastruktur für die Übertragung ist in den meisten Großstädten Deutschlands bereits verfügbar.[147] Als Minimalvoraussetzung für die gleiche Qualität, die der Nutzer von Terrestrik-, Kabel- und Satellitenübertragung gewohnt ist, sollte eine Datenübertragungsrate von 4 bis 6 Mbit/s zur Verfügung stehen. Neben dem verwendeten Kompressionsverfahren und dem Quality of Service kann so eine dem PAL-Standard gleichwertige Darstellungsqualität erreicht werden.

Neben den technischen Voraussetzungen, Bild- und Toninformationen zum Endnutzer zu übertragen, erlangen die Zusatzinformationen immer größere Bedeutung. Das Anzeigen des Sender- und Sendungsnamen ist für viele Zuschauer, die eine digitale Übertragung nutzen, schon selbstverständlich geworden. Ebenso selbstverständlich ist die Notwendigkeit, sich in den EPG-Daten über den Sendungsinhalt zu informieren. Diese

---

[146] Vgl. Goldmedia (2007): Zukunft der TV-Übertragung. S. 5.
[147] Vgl. Karte auf: http://www.t-home.de/vdsl. (abgerufen am 28.05.2008).

und viele andere technische Metadaten werden bereits bei der Medienproduktion gespeichert. Sie umschreiben mit vordefinierten Beschreibungselementen präzise Form, Aufbau, Strukturierung und Inhalt der jeweiligen Sendung. Der Metadaten-Begriff stellt daher einen wichtigen Bestandteil dieser Untersuchung dar.

Die Möglichkeit, inhaltsbeschreibende Metainformationen untereinander auszuwerten, eröffnet neue Anwendungsmöglichkeiten. So können themenverwandte Sendungen herausgesucht werden, ohne den Inhalt der Mediendatei gesehen zu haben. Für eine personalisierte Empfehlung ist dies unverzichtbar. Kennt der Sender und Dienstanbieter die Sehgewohnheiten und Interessen der einzelnen Zuschauer, so können Sendungen für diese gezielt herausgesucht werden. Dem Endnutzer wird die Möglichkeit gegeben, diese Inhalte On-Demand abzurufen. Die Benutzerschnittstelle bildet dabei das Endgerät des Nutzers, in der Regel eine IP-Set-Top-Box. Wie übersichtlich und benutzerfreundlich der Content für den Nutzer aufbereitet wird, entscheidet schlussendlich über den Erfolg eines solchen Dienstes. Durch die Orientierung an bestehenden Systemen zur Darstellung und Navigation, beispielsweise bei einer Satelliten-Set-Top-Box, ist eine gute Grundlage für zukünftige interaktive Dienste verfügbar. Darauf aufbauend ist weniger oftmals mehr.

Die Integration von Metadaten in ein IPTV-System wird im letzten Kapitel der Untersuchung erklärt. Die Ausgangssituation bildet der Streaming-Server, welcher die Mediendateien vorhält. Für die Integration der Metainformationen wurde eine MySQL-Datenbank entworfen. Durch die Eingabe von Schlüsselwörtern, die den Inhalt der Mediendatei beschreiben und die Klassifizierung in unterschiedliche Programmformen, zugehörige Themen oder Genres, kann jede Mediendatei grundlegend beschrieben werden. Zur Eingabe steht dem Autor ein Benutzerinterface zur Verfügung. Auswertungen und Ausgabe der Metainformationen sind jederzeit möglich. Sie bilden die Grundlage der im Weiteren beschriebenen Nutzer-Empfehlung. Dabei wird aufgezeigt, wie anhand von Nutzer-Preferencen und durch Abgleichen von Schlüsselwörtern, Übereinstimmungen gefunden werden können. Grundlage dabei ist, dass Nutzer beim Einrichten eines personalisierten Services statische Daten von sich angeben. Ihnen werden Schlüsselwörter unter Verwendung von Fremddaten und Regeln zugeordnet. Der zweite Schritt ist das permanente Sammeln von Daten während der Nutzung. Durch das Protokollieren und Auswerten dieser dynamischen Daten gemeinsam mit den statischen Daten, erfolgt die personalisierte Empfehlung.

7.2 Ausblick

Inwieweit zukünftig personalisierte Nutzer-Empfehlungen von Sendern und Dienstanbietern angeboten werden, müssen Untersuchungen über die Akzeptanz eines solchen Services zeigen. Die technischen Voraussetzungen sind mit dem rückkanalfähigen Übertragungsweg gegeben. Erste Vorstöße sind bei dem Nachrichtenportal von n-tv und der Online-Mediathek von ZDF zu erkennen. Jedoch sind diese Umsetzungen noch Web-TV basierend. Für kleinere geschlossene Netzwerke, wie zum Beispiel im Bereich eines Krankenhauses, ist eine Umsetzung eher vorstellbar. So informiert sich der Spezialist, unter Nutzung seines personalisierten Services, vorrangig zu Informationen und Behandlungsmethoden die ihn betreffen. Weitere interaktive Dienste und Einsatzszenarien werden den Mehrwert von IPTV in Vergleich zu den klassischen Übertragungswegen erkennen lassen.

Literaturverzeichnis

Balabanovic, M., Shoham, Y. 1997. Fab: content-based, collaborative recommendation in: Communications of the ACM, Nr. 40, S. 66-72.

Bilandzic, H. [Hrsg.] 2004. Synchrone Programmauswahl. Reihe Rezeptionsforschung, Bd. 2. Verlag Reinhard Fischer.

Cendekia-Vera, F. 2002. Text Mining - Grundlagen, Verfahren, und Anwendungen. 06/2002. Abruf: http://www-i5.informatik.rwth-aachen.de/lehrstuhl/lehre/ WebIntelligenz/Beitraege/Text%20Mining%20Ausarbeitung.pdf (am 13.04.2008).

Dannhardt, K., Nowak, D. 2007. Sinus-Milieus. Lebensstil, Fernsehnutzung und Umgang mit neuer Kommunikationstechnologie. 02.07.2007. Abruf: http://appz.sevenonemedia.de/download/publikationen/Sinus_2007.pdf (am 16.03.2008).

Deloitte 2007. Next Generation TV. Stand: 10/2007 Deloitte & Touche GmbH Wirtschaftsprüfungsgesellschaft. Abruf: www.deloitte.com/dtt/cda/doc/content/ de_TMT_R_NextGenTV_231007.pdf (am 10.04.2008).

Diepold, P. 2008. Datenbanken, grundlegender Aufbau. Abruf: http://www.educat.huberlin.de/mv/datenbank-grundlagen.html (am 06.03.2008).

Digital TV 2007. Weiteres Wachstum bei TV-Spartensendern. Veröffentlicht am 03.11.2007. Abruf: http://www.digitalfernsehen.de/news/news_219495.html (am 06.04.2008).

DIN EN ISO 9241-110 2006. Grundsätze der Dialoggestaltung. Beuth Verlag, Berlin.

Dohm, B. 2005. Television meets Computer. Situation und Nutzungsprognosen der Konvergenz von Fernsehen und Computer in Deutschland, 09/2005. Abruf: http://sceneo.buhl.de/upload/03_Endversion_2623.pdf (am 10.04.2008).

Fahner, H., Feil, P., Zseby, T. [Hrsg.] 2001. MBone - Aufbau und Einsatz von IPMulticast-Netzen. 1. Auflage, dpunkt.verlag.

Gerhards, M., Klingler, W. 2007. Programmangebote und Spartennutzung im Fernsehen. In: media perspektiven 12 /2007, S. 608-621.

goetzpartners 2007. IPTV Fernsehen der Zukunft? goetzpartners MANAGEMENT CONSULTANTS. 10/2007. Abruf: http://pic.tv1.de/media/tv1/easyonair/ files/IPTV-Fernsehen%20oder%20Zukunft.pdf (am 05.04.2008).

Goldmedia 2007. Zukunft der TV-Übertragung. Goldmedia GmbH Media Consulting & Research. 08/2007. Abruf: http://www.bvdw.org/fileadmin/downloads/ marktzahlen/mafo_jump/Goldmedia_Zukunft_der_TV_Uebertragung_2007. pdf (am 10.04.2008).

Heß, J., Hauptmeier, H., Becker, T. 2006. TV2010 – Mission Complete? Digital Forerunners und neue Medienkultur. 10/2006. Abruf: http://www.sceneo. de/ press/TV2010-V3.pdf (am 07.03.2008).

Hook, K., Benyon, D., Munro, A. [Hrsg.] 2003. Designing information spaces: the social navigation approach. Springer Verlag.

Hund, J. [Hrsg.] 2007. Triple play. Konvergenz von Internetzugang, Telefonie und Television. VDM Verlag Dr. Müller, Berlin.

International Telecommunication Union (ITU) 2008. Definition IPTV. Abruf: http://www.itu.int/ITU-T/IPTV/events/072006/docs/MR/FGIPTV-MR-0001e.doc (am 05.03.2008).

Kaumanns, R., Neus, A., Pörschmann, F. 2006. Konvergenz oder Divergenz? Erwartungen und Präferenzen der Konsumenten an die Telekommunikations- und Medienangebote von morgen. IBM Global Business Services. Abruf: http://www.935.ibm.com/services/de/bcs/pdf/2006/konvergenz_divergenz_062006.pdf (am 16.03.2008).

Kemper, A., Eickler, A. [Hrsg.] 2006. Datenbanksysteme. 6., akt. und erw. Auflage, Oldenbourg Wissenschaftsverlag.

Kraus, K. [Hrsg.] 2000. Photogrammetrie, Bd. 3 Topographische Informationssysteme. bde Gruyter Lehrbuch.

Kuhlmann, C., Wolling, J. 2004. Fernsehen als Nebenbeimedium. Befragungsdaten und Tagebuchdaten im Vergleich. In: Medien- & Kommunikationswissenschaft 52 - 2004, S. 386-411.

Künkel, T. 2001. Streaming Media. 1. Auflage, Addison-Wesley.

Meier, A., Wüst, T. [Hrsg.] 2003. Objektorientierte und objektrelationale Datenbanken. dpunkt Verlag.

Mena, J. 2000. Data Mining und E-Commerce. Symposium Publishing GmbH, Düsseldorf.

Meyer-Lucht, R. [Hrsg.] 2005. Nachrichten-Sites im Wettbewerb: Analysen der Wettbewerbsstrategien von vier deutschen Online-Nachrichten-Angeboten. 1. Auflage, Fischer Verlag München.

Moos, A. [Hrsg.] 2004. Datenbank-Engineering - Analyse, Entwurf und Implementierung objektrelationaler Datenbanken. 3., überarb. u. erw. Auflage, Vieweg+Teubner.

MPEG Industry Forum 2005. Understanding MPEG-4, MPEGIF White Paper. veröffentlicht 2005. Abruf: http://www.mpegif.com. (am 17.04.2008).

Neumann, I. 1998. Pay-TV in Deutschland. Markteintritts- und Wettbewerbsbedingungen für neue Anbieter. Deutscher Universitäts-Verlag.

Schmidt, U. 2003. Professionelle Videotechnik. 3. Auflage, Springer Verlag.

Stepken, G. 1999. MySQL Datenbankhandbuch. Abruf: http://www.little-idiot.de/mysql (am 23.04.2008).

Walker, J. R., Bellamy, R. V. J., Traudt, P. J. [Hrsg.] 1993. Gratifications derived from remote control devices. Westport, CT: Praeger.

Trosse, T. 2007. personalisiertes Fernsehen. Veröffentlicht am 04.04.2007 von Carmen Ullrich-Nolte. Abruf: http://www.next-conference.com/next07/blog/sprecher/interview_tobias_trosse.html (am 04.04.2008).